山ガール・ヤング・中高年に贈る **魅力の低山** 総ガイド

首都圏

親しみの登山

石原 裕一郎

心交社

首都圏　知る人ぞ知る魅力の低山

＊一部の路線、駅は省略してあります。

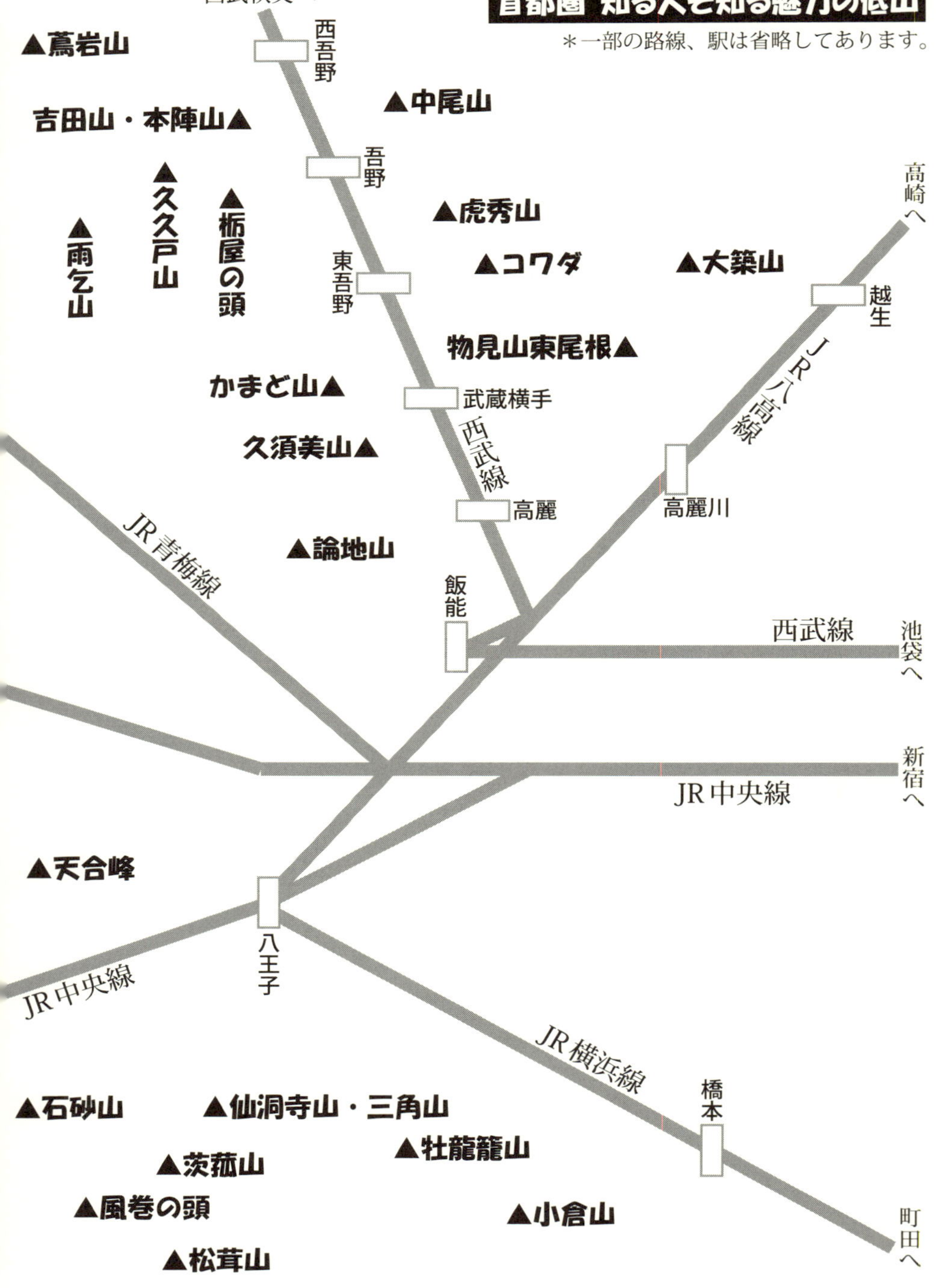

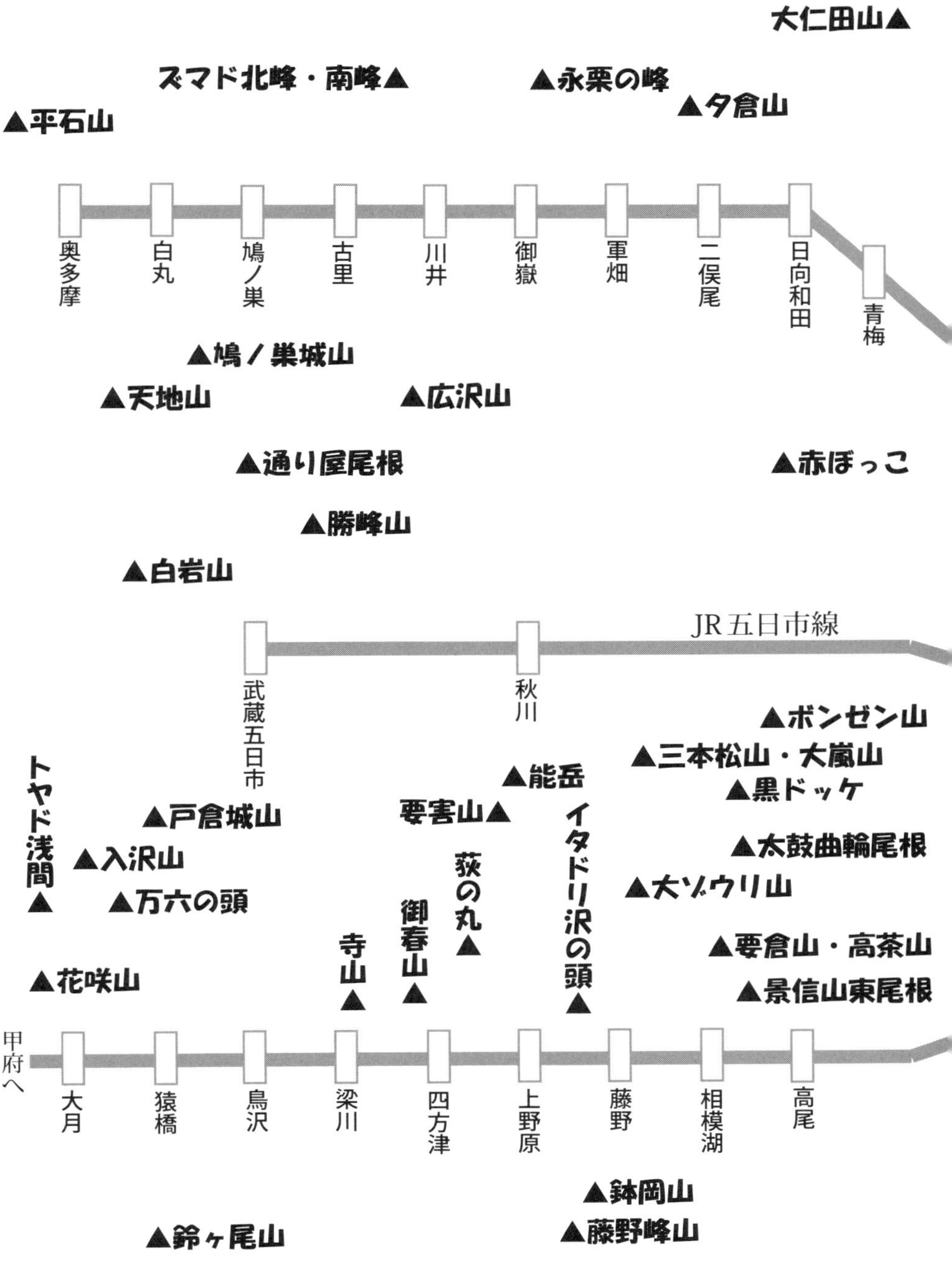
大仁田山▲
ズマド北峰・南峰▲
▲永栗の峰
▲夕倉山
▲平石山
奥多摩
白丸
鳩ノ巣
古里
川井
御嶽
軍畑
二俣尾
日向和田
青梅
▲鳩ノ巣城山
▲天地山
▲広沢山
▲通り屋尾根
▲赤ぼっこ
▲勝峰山
▲白岩山
JR五日市線
武蔵五日市
秋川
▲ボンゼン山
▲三本松山・大嵐山
▲能岳
▲黒ドッケ
トヤド浅間▲
▲戸倉城山
要害山▲
▲入沢山
荻の丸▲
イタドリ沢の頭▲
▲太鼓曲輪尾根
▲万六の頭
御春山▲
▲大ゾウリ山
寺山▲
▲要倉山・高茶山
▲花咲山
▲景信山東尾根
甲府へ
大月
猿橋
鳥沢
梁川
四方津
上野原
藤野
相模湖
高尾
▲鉢岡山
▲藤野峰山
▲鈴ヶ尾山

はじめに

この本は、首都圏にある山々から、日帰りで登ったり歩いたりすることができる低山を紹介するものです。それも、高尾山とか高水三山といった有名どころはバッサリと割愛し、山岳地図などにも山名が記載されていないようなものながら、一部の登山愛好者たちから高い評価を受けている山ばかりをセレクトしてあります。つまり「知る人ぞ知る名山」の紹介本なのです。

そして、紹介する山を選ぶにあたっては、「安全に登れる」ことを重視しました。というのも、近年、山での遭難事故があまりにも多いからです。警察庁のまとめによると、平成二一年中の全国の山岳遭難は一六七六件、二〇八五人で、昭和三六年以降、過去最高とのことです（警察庁生活安全局地域課『平成21年中における山岳遭難の概況』より）。

現在、いわゆる「山ガール」や中高年の方々の間では登山ブームといわれていますが、それに伴って事故も確かに増えているようです。本来、楽しむために登る山なのに、そこで事故に遭うというのはなんとも悲しいものがあります。ですから、山に絶対安全はありませんが、できるだけそれにかなうものを紹介したつもりです。

安全に登れる低山だからといっても、「お気軽に登れる」という意味ではありません。必ずそれなりの準備をしてから出発するようにしましょう。ガイドブックの略図のコピー一枚で山を歩くなど、もってのほかです。

いったん山へ入ってしまえば、事故や遭難が起こっても、それは一〇〇パーセント自己責任です。ですから、この本で行きたい山が見つかったら、最新の地形図（本書に収録した図は、あくまでも山の位置関係を示したものです）やガイドブックなどで確認し、装備のチェックをして、万全の準備のうえで出かけましょう。綿密な計画とゆとりのあるスケジュールが、山を楽しむ大前提となるのです。

この本を読んでいただき、趣のある里山を眺め、静かな頂に立つ魅力を、一人でも多くの方に知っていただき、山に親しんでもらえれば幸甚です。

首都圏　親しみの登山●もくじ

知っておくと便利な登山用語

●徒渉……沢や川を歩いて向こう岸に渡ること。本書で紹介している太鼓曲輪尾根（39ページ）は、城山川を渡る橋が架けられていないため、徒渉しなければならない。川幅はそれほど広くないし、深くもないが、ジャンプして越えるのはちょっと厳しいと思う。通常、一般登山においては飛び石伝いに渡り、靴を濡らすことはない。水に入って渡る場合は、なるべく浅瀬を選び、やや下流に向けて進む。なお、膝付近にまで水流があると危険なので、徒渉することは避けよう。

●獣道……シカやイノシシなど、山中に棲息する動物の通り道。わかりにくい分岐などに獣道があると、登山者が繰り返し間違って踏み込んだりするため、あたかも正規の登山道のように見えることがある。そのため、獣道のほうへ入り込んでしまって、道迷いにつながるケースもあるので、注意が必要だ。

●肩……山頂の直下にある平坦地のこと。山頂を人の頭に模し、すぐ下の位置を意味する呼称。主尾根が山頂直下でいったんゆるやかになるところである。

●遡行……河川や沢を下流から上流に向かって登って行くこと。「沢や谷をツメる」という表現とほぼ同じ意味。

●ヤブ漕ぎ……ヤブが生い茂ったところを漕ぐようにして進むこと。この本では、比較的ヤブの少ないコースを紹介している。

●分水嶺……稜線や山頂によって水系を分けてしまう山のこと。多くの河川が最終的に一つの河川に流れ込む範囲を流域、流域内の河川の総称を水系という。

●低体温症……低い外気温などで体温が下がり、身体の機能が不全に陥る疾病。重症になると錯乱を起こしたり、歩行が困難になったりする。体温が25度以下になると死亡する場合が多い。気温自体はそれほど低くなくても、強風や、身体に付着した水滴が蒸発する際の気化熱が体温を奪う。また、中高年の人は、自分の体温低下に気づくのが遅れがちなので、充分に注意したい。

山旅への誘い——絶対安全に山歩きを楽しもう

低山の魅力はいくつもある。主なものとしては、短時間で山頂に立てる喜び、四季折々の季節を身近に感じ手軽に自然を満喫できる、里山の風景が楽しめる、などであろうか。そして、山行の計画を立てる楽しみ、出発し体験する楽しみ、後日の楽しみもある。この部分に関していえば、なにも低山に限ったことではなく、登山全体に共通する魅力であることはいうまでもないことだろう。

プランニング

どの山を歩くか

この本で紹介した山は、すべて東京から日帰りで往復することができる。だから休日一日があれば足りる。どの山を目指すかは、各人の経験、体力、好みで選べばよいのだが、一つの目安として、この本の山の中では比較的簡単に歩ける山を★、山歩きの総合的な知識や体力が必要なものに★★★、その中間程度と思われる山を★★と、私の判断で格付けさせていただいたので、選択の参考になればと思う。

もっとも重要なのは、自分の体力に合った山を選ぶことである。これが、楽しい山歩きを約束する。そして、地図読みのような学習的な山行、歩行技術、ロープワークなどを取り入れた実践的な山行、山の清掃などを目的とした体験的な山行、山菜摘みなどレジャー的要素を含んだ山行は、意外に時間がかかるので、目的に応じた山をセレクトしたい。

山歩きにはいろいろなタイプがある。日帰りで都市周辺の低山を歩いて山の雰囲気を味わう低山ハイクのほか、登頂を最大の目的とするピークハントな山行、最近では百名山を巡る登山も盛んだが、地図やガイドブックなどできちんと情報を集め、自分だけでなくメンバー全員の経験と体力を考えたうえで、山やコースを選ぶことが大切だ。

この本で紹介した山のコース設定には、次のようなものがある。

往復型……同じルートを登って、同じルートを下ってくる。同じルートといっても、登りと下りとでは歩き方も違うし、景色も違う。初心者にとっては、山の歩き方をマスターすることができる基本型。

周回型……頂上からは、登りと違うルートで同じ登山口に下りてくるコースの取り方。次に向かうときは、登りと下りの道程を逆にしたりして、同じ山でも違った雰囲気を楽しむことができる。

縦走型……一つの山だけでなく、尾根を伝っていくつかの山頂や峠を越えて下山する。充足感が味わえ、それぞれの山の違った表情が楽しめる、長距離を歩く型。

定着型……この本の中では紹介していないが、登山口から登り、途中の山小屋を拠点にして、数日かけていくつかの山に登る型である。

初心者は安全を第一に心がけ、日帰りの山行から始めて、決して無理をしないこと。必ず経験を積んでから、次のステップに移りたい。

四季の魅力を取り入れよう

大自然のドラマは、山旅をすばらしい楽しみへと導いてくれる。

春は、桜を始めとする花の咲く季節で、お花畑に出合えるチャンスに恵まれれば、鮮やかな春が旅人を包んでくれる。初夏は新緑の季節。木々の芽吹きが目に飛び込んできて、新しい育みが感じられる。夏は、避暑や川遊び、沢登りなどで、爽やかな空気を胸いっぱいに楽しめる。秋は、燃えるような紅葉と山の恵みにふれられる。そして、冬は、冬晴れの澄んだ空気の中で眺望が楽しめる季節だ。

これらに、温泉に浸かったり、特産品を味わったり、

山頂からのすばらしい眺望がある低山も多い

写真、スケッチ、釣りなどを取り入れることで、山の魅力は倍加する。都会では、決して感じることができない季節感を、目一杯楽しんでほしいと思う。

気のあった仲間と

一人での山歩きは自分の思うままに楽しめるが、山でのアクシデント、たとえば悪天候、道迷い、ケガ、病気、遭難などが起った場合の対応を考えると、仲間との行動をおすすめする。仲間とパーティを組む場合は、それぞれがパーティのメンバーであることを意識し、チームワークを乱さないという心構えが必要となる。

登山者としての自覚を持つ、人任せにせず自分に責任を持つ、自分勝手はパーティ全体の事故のもとになる、ということを忘れてはならない。そして、リーダーに従うことは当然としても、一人一人がリーダーであるという気持ちも持って、メンバーの安全を確保し、協力し合って、山歩きを楽しみ、積み重ねていきたい。

装備と健康管理

登山装備五か条

山行の前は誰でも心躍るものだが、出発する前の装備のチェックを忘れてはならない。これから紹介するものは「登山装備五か条」といわれているものだ。

1、地図、雨具、防寒具、非常食、水筒（ポット）、夜に備えてのヘッドランプも必携

2、吸湿性のよい衣服に、しっかりとした靴。ジーンズは伸縮性が悪く、濡れると乾きにくい。

3、自分の力量を見極めた計画。無謀な計画は、予定時間までに到着、下山できない恐れがある。

4、単独での登山は禁物。できれば上級者に同行し、複数人の場合も離れないように。

5、携帯電話は必需品。万が一に備え、必要がなければ電源を切って、バッテリーを節約しておこう。

これらは、本格登山に限ったことではない。都心から近くて交通の便もよく、やさしいイメージがある低山だが、山を甘く見てはならない。低山や里山といえど、命取りになりかねない事態も起こりうるのだ。だから、基本的な装備を持ち、吸湿性のよい衣服や丈夫な靴で向かうべきだろう。

非常時には、携帯電話の使い方が重要だ。電波が届く場所を探している間にバッテリーを消耗しがちなので、必要のないときは電源を切っておく。遭難すると、低いほうへ下りたい心理が働くが、そ

れよりも携帯の電波が届きやすい、見晴らしのよい場所に登ったほうが有利といわれている。

衣服のポイント

山に行く前には、必ず服装のチェックをしておこう。寒くなった場合、暑くなった場合、雨が降った場合、風が強く吹いた場合など、さまざまな状況を想定して準備しておきたい。なお、衣類は意外にかさばるので、必要最小限に収める工夫も重要なポイントだ。

衣類は身体を守るものなので、機能性を重視して選びたい。

シャツは、木の枝や虫さされ、強い紫外線による日焼けなどから身を守るためにも、長袖が基本だ。汗をかいてもべたつかない、薄手のウールか化繊とウールの混紡素材で、ゆったりしたサイズの前開きデザインを選ぼう。

綿素材のウェアは山歩きには向かない。吸湿性はよいが、湿気が逃げずになかなか乾かないからだ。濡れたままだと体温が奪われてしまう。

なお、山では、重ね着で寒暖の調節をするのが基本だ。

ズボンは、現在はチノパンタイプが主流で、春夏は通気性のよいコットンやポリエステル、秋冬は温かいウールがおすすめだ。季節や気温に応じて、軽いイージーパンツや伸縮性のある軽いものを選ぶと、膝の動きが楽になる。

ジーンズは、活動的に見えるが膝を動かしにくく、濡れたら乾きにくいので、山歩きには向かない。山歩きは大量の汗をかく。汗で濡れた下着は不快なだけでなく、体温も奪ってしまうので、速乾性に優れたものを選ぶようにしたい。春夏ならばTシャツでも充分だが、汗で濡れることを考えて、着替えを持っていくくらいの気構えで望みたい。ポリプロピレンやダクロンなどの化繊製がおすすめだ。最近では、量販店にもいろいろなタイプの機能性下着がそろっているので、試してみるのもよいだろう。

身体を動かす登山だけに、締め付けのきついものは止めておきたい。そして、肌ざわりのやわらかなものを選ぶとよいだろう。

防寒対策は万全に

山は、天候の急変や標高、運動量によって、出発の時点から同じ服装で通せるものでなく、重ね着をして調節するのが基本。セーター、フリースジャケット、ウインドブレーカー、フード付きのパーカー、ときには雨具も防寒対策のアイテムとなる。そして、手袋やバンダナ、タオルなども保温の手助けとなり得るので、季節や向かう山に合わせて準備したい。

雨に濡れて、風に吹かれると、体温が下がり、体力は消耗する。過去、多くの登山者が命を落としてきた低体温症に対して、雨具は命を守る最後の砦となることがある。たとえ降水確率が○パーセントであっても、必ず持参したい。

雨具には、ポンチョタイプとセパレーツタイプがあり、ポンチョは風通しがよく、シートとしても使える利点はあるのだが、足下の防水や動きやすさから、山ではセパレーツタイプがよいだろう。なお、セパレーツタイプのものは、一般的な防水性だけでなく、縫い目の防水や通気性もチェックしておこう。

このほかの雨対策用グッズとして、ザックカバーやスパッツ、帽子などの備えをしっかりして出発したいものである。ちなみに、傘は風に弱く、片手がふさがるため、山登りには不向きだが、ハイキング程度なら雨具との併用もできるだろう。

ウェアの機能を補うグッズ

木綿のバンダナや日本手ぬぐい……バンダナは、首まわりの防寒、頭に巻いて汗止めになるほか、マスクにも

低山といえども冬は雪山である。万全の装備で出かけよう

なる。日本手ぬぐいは、ハサミがなくても切り裂くことができるので、いざというときの包帯や三角布の代わりになる。また、目印の赤布にしたり、つなげばロープにもなるので、一枚あればいろいろな使い方ができて重宝する。また、首まわりを保温するマフラーもさまざまな用途に使える。

スパッツ……ロングサイズやショートサイズがある。靴の中に雪や小石、枯葉、枯木などが入るのを防ぎ、雨天時には泥ハネや水ハネ、汚れ防止に役立つ。

帽子……冬場は、ウールやフリースなどの保温性に優れた素材のものを選びたい。もちろん、日差しよけ、頭の保護にもなる。

手袋……手先の保温や保護、炊事作業の際の必需品。

ザックの中は

山を歩くということは、自然の中で自力で生きるということだ。どんなことが起こっても対応できるように、最悪の事態に備えた必要最低限の準備が必要となる。

ヘッドライト……日が暮れてしまったときに、なくてはならない必需品。一人に一個は必要。なお、出発前に点検することを習慣にしておくこと。

笛、ホイッスル……緊急時や濃霧のときの合図に使う。

ナイフ……山ではナイフも必需品。多機能タイプより、シンプルなもののほうが使いやすい場合もある。

水筒やテルモス……ポリエチレン製の水筒は、軽いが熱に弱い。冬季以外なら、ペットボトルが水筒替わりとして使える。テルモスは、ステンレス製で高い保温力を持っているので、寒い季節には有効だ。

ライター、マッチ……風除け付きのライターがあればよいが、使い捨てライターでも充分。ちゃんと着火するか、出発前に点検しておこう。マッチは濡れないようにしておく。

着替え……雨や汗で濡れた衣服は体温を奪うのでできれば用意したいものだが、かさばるので、日帰りのときなどは雨具やマウンテンジャケット、吸湿保温下着などで濡れない工夫をしよう。

地図……必ず携帯しなければならないものに地図がある。基本的なものは国土地理院発行の地形図で、二万五〇〇〇分の一と五万分の一の縮尺のものは日本全国をカバーしている。その名のとおり、地形、集落、河川、道路、駅などが正確に描かれている。これに対して、地図出版社などから刊行されている登山地図は、登山ルートなどがわかりやすく表記されている。山の全体的な地形が把握しやすく、所要時間や注意事項などの細かな情報も多いので、初心者には使いやすい地図といえる。なお、どちらも最新のものを使用し、記載されている情報はあくまで目安と考えて使いたい。

コンパス……地図とコンパスは、ワンセットで山歩きの必需品だ。常に現在地の確認をしたい。

カップ……ホーロー、アルマイト、チタン、ステンレスなど、火にかけてお湯も沸かせるような素材のものが丈夫で便利だ。

ティッシュ……食器の汚れをふき取るときなどに必要。ウエットティッシュがあると、手や身体をふくことができる。

サングラス……山は紫外線が強いので、サングラスが有効だ。ストラップをつけておくと便利。

筆記用具……こまめに記録を残しておくと、後々の山行に役立つ。

カメラ……デジカメが軽くて便利。液晶画面が傷つかないように、ケースやタッパーに入れて持ち歩くなどの工夫をしておこう。

救急セット……個人では、持病の薬のほか、救急絆創膏や虫刺され用の薬、サポーターなどを用意する。救急薬や湿布薬、目薬、消毒液、ストレッチ包帯、三角布、ガーゼ、安全ピン、とげ抜き、ピンセット、虫除けスプレーなどは、メンバーで振り分けて持つようにすればよい。刺さったとげや、靴の中に入った小石などは、早目に取り除くことが大きなけがの予防になる。

ストック……膝には、体重プラス荷物の約三倍の力がかかる。ストックを使って支点を多くすると、バランスが安定し膝への負担も軽くすることができる。グリップタイプがT字型のものはおもにシングルで用いて、I字型のものはダブルでも使える。先端が人にふれないよう注意したい。上りではテープを親指にかけて握り、下りでは手首にテープを巻きグリップの頭をつかむのが基本。

山の装備は日進月歩である。利便性はもちろん、その軽量化が登山愛好者の増加に寄与しているのは間違いのないところだろう。かつての山道具の粗野さは払拭され、安全性や耐久性も向上した。

どのようなものを選ぶか迷うこともあるだろうが、衝動買いをせず、自分の目的に必要なものからそろえていけばいいと思う。山行を重ねていくうちに、使い勝手のよいものがわかってくるだろう。購入は、やはり登山用品専門店をおすすめする。品ぞろえが豊富で、店のスタッフからもアドバイスを受けることも可能だ。

ちなみに、山道具は災害時には非常に役立つので、新しいものに買い替えたときには防災用具として再活用するのもよいと思う。

事故と病気を避けるには

近年の中高年の特徴ともいえる「気力あれど体力なし」。これが、山での事故につながることが非常に多い。また、疲労の蓄積で、集中力が切れてしまうことにも注意したい。そして、長いブランクがあれば、過去の実績はないのと同じということを自覚することが大切である。

病歴があれば、メンバーに申告しておくことも忘れないようにしたい。最近、特に注意を呼びかけられているのが、登山中の心筋梗塞である。遭難者の滑落、転落には、心疾患の発症が先行していたと思われる例が少なくない。

登山中に心疾患を発症したらどうなるだろうか？　その場で倒れたり、ふらついて滑落したりすると、正直、救命は不可能なことが多い。病院への速やかな搬送が困難な山中ではなおさらである。

登山中は運動量が増え、大量に汗をかく。そして、食事が変わり、寒冷にさらされ、睡眠不足もあって、日常とは異なる状態に置かれるため、血圧は上昇し、心拍数は増加する。これらは心筋梗塞の発症の要因になるのだ。加えて、心筋梗塞の発症を高める危険因子、脂質異常、高血圧、糖尿病などを持っている人はいっそう危なくなる。にもかかわらず、自分だけは大丈夫と過信している登山者は意外に多い。ぜひとも定期的に健診を受け、自分の身体の状態をよく知ってから、安心して山へ向かってほしいと思う。

大自然がもたらすリラックス効果は、疲れた心身を回復させてくれる。足や腰だけでなく、心肺機能を高めて、脳の働きも活発になるのだ。山歩きは、心身の老化を防ぐ健康法の一つといってもよい。体調を万全にした上での低山歩きならば、きっと長く続けられるだろう。

低い山でもあなどるな!

遭難は、なにも雪山や高い山だけで起こるものではない。むしろ、低い山だからこの程度の装備で大丈夫という気持ちが落とし穴になる。どのような山であっても、防寒具、非常食、ヘッドランプ、携帯電話、地図、コンパスなどを準備するのが鉄則だ。万が一、遭難という事態に陥れば、自らの生命を危うくし、家族や仲間、多くの人たちに心配をかけさせることになる。そして、捜索には巨額の費用がかかることも忘れてはならないのである。

この本で紹介している山は、基本的にはすべて安全に登れるところだ。しかし、あまり知られていない山ばかりをセレクトしてある。これはいいかえると「登山者の少ない山」ということになる。登山者の少ない山は、道標もあまり整備されておらず、道ははっきりしていても荒れている場合がある。このようなところでは、たとえ低い山でも道迷いに陥る可能性があり、ひいては転倒や滑落の危険も高くなるといえる。遭難など自分には関係のない別世界の話だと思わない気構えが必要だ。

道迷いで意外に多いのは、登山口での間違いである。この本に登場する山は、登山口に道標のないところ多いので、出発前に地図を広げて、「机上登山」することを心がけよう。そして、入山前にはメンバーとの打ち合せも入念にしたい。歩くコースの状況を、全員に確実に伝えてから出発してほしい。

入山前にはもう一度地図でコースを確認しよう

間違えやすい分岐点

周囲の山容が見渡せないところで何本かの山道が分岐しているような場合は、その場で判断するだけでなく、しばらくの間は周囲の地形や高低、尾根上か、沢沿いか、巡視路か、道が薄いか濃いか、などを注意深く探りながら進まなければならない。いずれどこかへ行くはずだといった気持ちでいると、とんでもないことになる。道にあるマーキングや古い道標を、無条件に正しいと思い込んでしまうのも危険である。

間違えたことに気がつけば戻ればよいが、気づかないまま進んでしまうと時間と体力を使ってしまい、非常に危険だ。また、メンバーと離れてしまうのは最も避けなければならないことなので、必ずまとまって歩くようにする。

道迷いは、登りよりも下りで起こりやすい。惰性で歩いていることも多く、後は下るだけだという安心感が注

道標を鵜呑みにすることなく、必ず確認することが大切だ

意力を散満にさせるからである。

休憩の取り方

休憩は、小休止、大休止、食事休憩の三種類に分けて考える。小休止は四、五〇分程度歩いたら五分ほどとし、大休止と食事休憩はあらかじめ場所と時間を決めておくとよい。

休憩で一番気をつけたいのが、身体を冷やさないことである。レインウェアやウィンドブレーカーなどを着るのは、冷えの防止として有効だ。なお、脚については無防備なことが多い。休憩のときに座り込んでしまうより、腰を下ろさないほうが脚の冷え防止になる。「ザックを下ろしても、腰は下ろすな」といわれる所以である。

休憩中には、小まめに水分補給をしておきたい。場合によっては、行動食を口にすることも必要だ。体温調節をしたり、靴紐やザックの調整も行っておこう。

無理なスケジュールは事故につながる。適度な休憩を入れながら山頂を目指そう

山での食事は行動食が基本

山での食事は、以下の点を考慮しよう。

1、短時間で簡単に摂れるもの。

2、高カロリーで、すぐに栄養となるもの。

3、非常食となりえるもの。

山では、ゆっくり食事が摂れるとは限らない。天候が悪化したときなどの厳しい条件下でも食べられる食事を用意する。基本は、すぐ食べられてカロリーが高い行動食だ。

普通の食材であってもひと工夫しておくとよい。たとえば、おにぎり……海苔は湿気るので巻いておかないで、食べるときに巻く。サンドイッチ……歩きながらでも、立ったままでも食べられるのが利点だが、多量の飲み物がほしくなることがあるので、しっとりとした具材のものを選ぶ。

また、チーズはカットしたものが便利だし、テルモスのお湯でインスタントみそ汁を作れば水分と塩分補給によい。そして、あんパンなどの甘味のある菓子パンは糖分補給になる。チョコレートやアメは、口の中の水分をとられないので喉の渇きが少なくてよい。また、ビスケットやせんべいは飲み物と一緒に、もしくは浸して食べることもできる。このほか、チューブタイプの練乳やサプリメント食品なども有効である。

水分は充分に摂る

水は、必ず家から持参し、休憩などを利用して小まめに飲むように心がけたい。

なお、残量を確認しながら飲むこと。水の補給をできるところがあればそこで補給すればよいのだが、特にこの本で紹介した山は尾根歩きが中心なので、水を得られる保証はない。水は、がぶ飲みすると食欲が落ちて、疲労の要因になるので要注意。

そして、水は家に帰り着くまで持っているのが基本だ。

生き物にも注意が必要

ヘビ……危険なのは、沢の近くで湿気の高い草むらだ。夏場の川遊びや沢登りでは、草むらに入ることは避けよう。マムシは熱に反応して攻撃してくるので、用を足す（キジ撃ち、花摘み）際には注意する必要がある。

クマ……低山とクマは結びつかないと思いがちだが、実はそうではない。私自身、里山でクマと遭遇したことがある。出合い頭でなかったのが幸いだったが、角を曲がったら目の前にいた、というパターンが最も危険だ。クマも恐怖から、いきなり襲いかかってくる。このような事態を避けるため、接近してしまう前に自分の存在を知らせることが肝要だ。ザックに鈴を付けたりするのもそのため。

もし遭遇してしまったら、慌てて逃げ出してはいけない。ゆっくりとした動作で、静かに離れて行こう。

スズメバチ……マムシやクマよりも、スズメバチによる被害者のほうが多い。大きなハチが自分の周辺にまとわりつくようであれば、巣に近づいてしまっているのかも知れない。それは集団で襲ってくる前兆の偵察行動だ。ようすを慎重に見ながら立ち去ろう。里に下りてからでも、安心してはいけない。

山歩きでは、生き物の領域を侵さないようにしたい。クマやスズメバチも、刺激しないようにすれば、むやみに襲ってくることはない。

雷雲が接近してきたら

山で怖いものの一つに雷がある。落雷を直接受ければ死亡する可能性が高い。しかし、雷を予知できれば、事前に退避することも可能である。

雷は四季を通じて発生するが、特に注意すべき季節は夏である。夏の強い日差しで熱せられた湿気を帯びた大気が上昇気流となり、やがて積乱雲を形成する。この積乱雲からの放電現象が雷だ。

雷が近づいてくると風が吹き、気温が少し下がるのを感じる。または、大粒の雨が落ちてくる。そんな空模様になったら雷雲の下にいると考えてよく、退避行動に入ったほうがよい。なるべく低い場所へ下りるようにする。もし、尾根上や草原地など、身を隠せるような場所にいないときは、速やかに樹林帯に逃げ込もう。傘をさしたり、ストックを上にかざす行為は厳禁である。木の下に避難するときは木の真下でなく、万が一の落雷に備えて、幹や枝から一定の距離をとって低い姿勢で待つようにする。

なお、雷のときに注意したいのは集中豪雨だ。登山道や沢に水が集中して、歩くこともままならない事態になることがある。

自然保護について

山の自然を守るため、できる限りマイナス要素となる行為を避けて歩くことを「ローインパクト」という。そのような意識を皆が持っていたとしても、それでも人が入り込めば自然は変化してしまうのだ。

たとえば、登山道が踏み固められることで、周囲の植生や土壌は変化してしまう。また、木の根を踏むことで、立ち枯れや土壌の流出につながる。登山道の近くでは、回復困難な自然荒廃が進んでいることも理解しなければならない。

山では、「持ち込んだものはすべて持ち帰る」のが基本である。

私たちが山に持ち込んだものは自然に大きなダメージを与えるので、すべて持ち帰るのがルールなのだ。ペットボトルや包み紙、タバコなどのポイ捨てはもってのほか。そして、食器などを川や沢の水で洗うなどもしてはならない行為である。

近年、山頂や見晴らしのよいところなどの休憩場所、分岐点付近でのゴミの散乱が目立つようになった。中には、人目がつきにくい登山道の脇にわざわざ捨てる人もいるのはなんとも残念なことであるが、リーダーはもちろんのこと一人一人、ゴミを残していないか必ず確認してから山を下りるようにしたいものである。

トイレについては、人間の生理現象だけに、重要な問題だ。ティッシュペーパーにはナイロン繊維が含まれているので、水に流れても繊維は残ってしまう。登山者のマナーとして、面倒でも必ず持ち帰るようにしたい。出

私たちは山の美しい自然を守っていかなくてはならない

発前には、駅や公園、コンビニのトイレなどを利用してから入山するように心がけよう。山小屋のトイレは、ルールに従って利用させていただこう。

山を楽しむからには、そこに棲む植物や生物、山とともに暮らす人々の領域にお邪魔していると常に考えて行動しよう。自分一人くらいがやったところで、大自然はびくともしないだろうと思ったりしがちであるが、これは大いなる認識不足というしかない。このような勝手な思い込みや行為が禁物であるのはもちろんだ。私たちは、多様で豊かな日本の山を、大切に守っていかなくてはならないのである。

現在、急速に姿を消しつつある「里山」。長年にわたって、自然に、人の手が適度に加えられることで作られてきた日本の原風景だ。多くの生き物の住処となり、私たちにさまざまな恵みをもたらしてきたが、近年、その役割が改めて評価されるようになり、各地で保存、再生の動きが見られるようになった。

里山でよく見ることができる谷津田地形は谷戸田ともいい、標高の低い山が連なる地域に多い地形だ。日あたりがよくないなど、農地としての条件が悪い谷津田は耕作放棄されやすい。また、人目につきにくいため、ゴミが放棄されたりなどで、荒廃していく。そして、荒れた谷津田は、イノシシの出現やスズメバチによる被害の温床になりやすいことも報告されている。

しかし、谷津田のような環境は、人が生活していく上で重要なのではないかと考えられるようになり、里山をかかえる地域では、ホタルやカラスアゲハといった絶滅危惧種の保護、再生などにも取り組み出している。

谷津田地形は、東京近郊でも見ることができる。秋川丘陵の二条城付近や八王子市の川口川、入山川周辺、千葉県などの低い山の連なる地域などだ。しかし、耕作放棄されたような谷津田は造成地にされやすく、いったん造成されてしまうとその復活は不可能

Column ● 貴重な里山

といってもよい。この先、谷津田が保護、再生されていくには、そのような活動を持続できるかがカギとなろう。

谷津田に多くの生き物が棲息しているのは、雑木林、草原、湿地、水辺とさまざまな環境があって、それらがうまく組み合わさっているからだといわれる。それぞれの環境を好む生物がそこで生活しているからで、必然的に多種多様な生き物の生息域となりうる。

特に、日本の里山のように、水田や畑、それらに必要な溜め池なども存在すると、水辺と樹林の両方がなければ生きていけない両生類なども棲息していくことができるのだ。

そして、里山のもう一つの特徴として、刈る、切る、焼くなど、人が植物資源を利用するための行為（管理）が、適度に植物体を破壊することにある。これは「攪乱」といわれ、生態系では適度な攪乱は動植物の多様性を高める作用があると認識されている。つまり、生命力の強い生き物だけが独占的に生き残るのではなく、多様な生物が存在できるというわけだ。

したがって、里山は、人と生き物の共生という点から見ると、かけがえのない土地といっても過言ではないのである。

首都圏　知る人ぞ知る魅力の低山

★マークについて

山名の下にある★マークは、登りやすさという観点から著者が格付けしたものです（この本で紹介している山の中での比較です）。

比較的簡単に歩ける山……★
中間程度と思われる山……★★
山歩きの総合的な知識や体力が必要な山……★★★

夕焼け小焼けの里から登る軽快な山

黒《くろ》ドッケ

612m　JR中央線から　★

JR中央線快速電車が浅川を渡る架橋上から見渡す八王子の山々は、黒っぽい山容でありながら、大きくたおやかな裾野を持って、私たちをそのまた奥へと誘っている。

そこには、当時、東京都杉並区の小学校の教員だった中村雨紅が作った童謡『夕焼け小焼け』の里がある。ここも東京都かと思うほどゆっくりとした時間の流れる八王子市恩方地区を訪ね、夕焼け小焼けの誕生した里をゆっくり堪能する山旅に出かけてみよう。

高尾駅から陣馬高原下行きのバスに乗り、夕焼小焼で下車をする。そこはもう、浅川を中心に両側を里山に挟まれた、のどかな風景だ。バス停は夕やけ小やけふれあいの里の門の前にあり、登山口もこの園内にある。普通だと入園料が必要となるが、園内を通って登山口に向かうだけならば入園料はかからないので、そのむねを受付に伝えて園内を通らせていただく。屋外ステージやキャ

●コースデータ●

八王子駅＝バス＝夕焼小焼バス停…100分…黒ドッケ…70分…夕焼小焼バス停

立ち寄り湯：八王子温泉やすらぎの湯
立ち寄りどころ：夕焼け小焼けの歌碑
美味いもの：恩方産の野菜

ンプ施設、また宿泊施設や食事処、みやげ物売場などの家族連れでも楽しめる自然体験学習施設がそろっている。

園内には指導標が完備されているので、その指示に従って進む。立派な橋で浅川を渡り、キャンプ宿泊施設の大型テントの脇を登り始める。振り返ると視界が広がり、里山の風景を望むことができる。一番上段にあるテントを過ぎて山道に入るが、道はよく整備されており悪いところはない。

山肌を斜めに横切りながら、九十九折りに登って高度を稼ぐ。やがて、道は尾根にからみ、尾根上を登るようになる。この尾根道と北高尾山稜の合流点が黒ドッケである。

ドッケとはトッケともいうが、武蔵地方の方言で尖った峰の意だという。中村雨紅が帰省する時には、これら浅川沿いに屏風のように広がる北高尾山稜を見たに違いない。この時に、山並が黒いシルエットになって、深紅の夕焼けが空を染めていたことであろう。そう思うと、この山は浅川沿いの恩方の方角から見上げた時に黒い尖った峰だったから黒ドッケと呼ばれるようになったと考えるのも、あながち合点がいく。

尾根上に小さい露岩が現れると山頂も近い。山頂は北高尾山稜の縦走路と交っており、指導標も立っている。その道標に、マジ

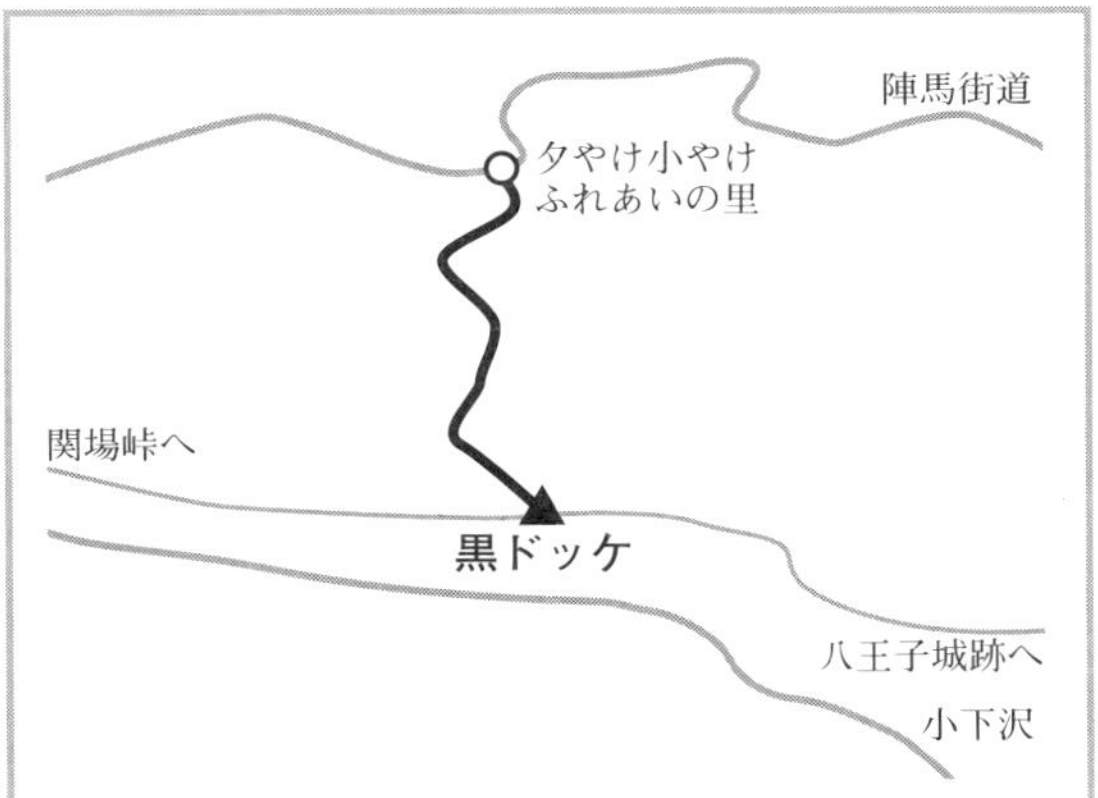

ックで黒ドッケと記されていた。休むのなら、もう少し先の杉の丸付近のほうが眺望がよいので適している。山の斜面の植林を伐採した後なので見通しがよく、切り株の上に腰を落ち着かせると、恩方の集落と飯能方面の山並がよく見える。夕方ともなれば、中村雨紅の夕焼け小焼けの詩と同じ風景が見られるのかと思ったりすると、こんな特等席はない。

下りは同じ道を降りることになる。浅川方面からこの北高尾山稜へ至るのは唯一このルートなので、ほかの道を選ぶとすれば小下沢へ降りるか、八王子城跡へ向かうしかない。同じ道を戻ったとしても、不満足な道ではない。

降りてからの見どころも多く、夕方を待って黒ドッケのシルエットを確認するのも悪くない。中村雨紅とほぼ同じ風景を見られることに喜びを感じ、思わず夕焼け小焼けの童謡を口ずさまないわけにはいかなくなるだろう。

山腹から恩方の里を見下ろす

土塁を越えて進む戦国時代の城跡尾根

太鼓曲輪尾根《たいこくるわおね》

329m　JR中央線から　★★

戦国時代は、自然の地形を利用した山城と呼ばれるものが一般的で、八王子城もその一つ。落城後、八王子城は立入禁止となり、江戸時代は幕府の直轄地として保護されてきたため、四〇〇年以上の時が経過しているにもかかわらず、当時のようすをよく残している数少ない戦国時代の城だ。「昔は、こんなところを鎧を着け、武器を持って攻め登ったのか」と思いを馳せながら、この貴重な遺産の中で戦国時代のロマンを体験しようではないか。

JR高尾駅から恩方方面行きのバスに乗り、霊園前で下車する。上を中央自動車道が走るガード下のバス停から歩き出す。霊園前の信号を左へ入り、城跡方面へ向かう。左手にある二階建てアパートの角を左へ入ると、まもなく城山川の水辺へと出る。城山川に架かる橋はこの付近にはないので、川を飛び越えて対岸に渡り、笹尾根に取り付くしかない。そう、ここが曲輪尾根の取り付き点であり、尾根の末端である。増水している時は渡渉するしかな

●コースデータ●

高尾駅＝バス＝霊園前バス停…60分…一の曲輪…30分…五の曲輪…35分…421メートル地点…30分…富士見台…15分…杉沢の頭…50分…八王子城跡…35分…城跡公園…50分…霊園前バス停

立ち寄り湯：八王子温泉やすらぎの湯
立ち寄りどころ：八王子城跡
美味いもの：足長ブロッコリー、地の野菜

いが、対岸で靴をはくスペースはないので飛ぶしかない。ちょうど飛べるような川幅でもあり深くはないので、思い切ってみよう。

対岸に渡って立木につかまると、踏み跡がすぐに見つかる。中央道の脇を登り尾根上に出ると、見晴らしのよい小広いスペースに着く。城主や家臣たちが生活していた居館地区を見渡す明るいところで、オオタカのエサ場となっている。笹のうるさいところもあるが、尾根をはずさぬよう踏み跡を縦走する。

笹から樹林帯に入ると一つ目の曲輪を越える。高さが一〇メートルはあるだろうと思われる堀切だ。この先、同様の堀切を五つも越えて縦走は続く。八王子城跡は整備が進んでいるが、この尾根はまったく整備されていないので、戦国時代にタイムスリップしたかのような錯覚さえ感じる場所だ。

戦国時代の武家の家臣にでもなったような気分で少し暗い植林帯を抜けると急に明るくなり、蛇滝口からの道と合流する。地図上四二一メートル地点だ。ここでゆっくり休むとしよう。森のいたるところから勝どきの声があがっているような山城の情景が広がっている。ここは日あたりもたいへんよく、道標もあり、のん

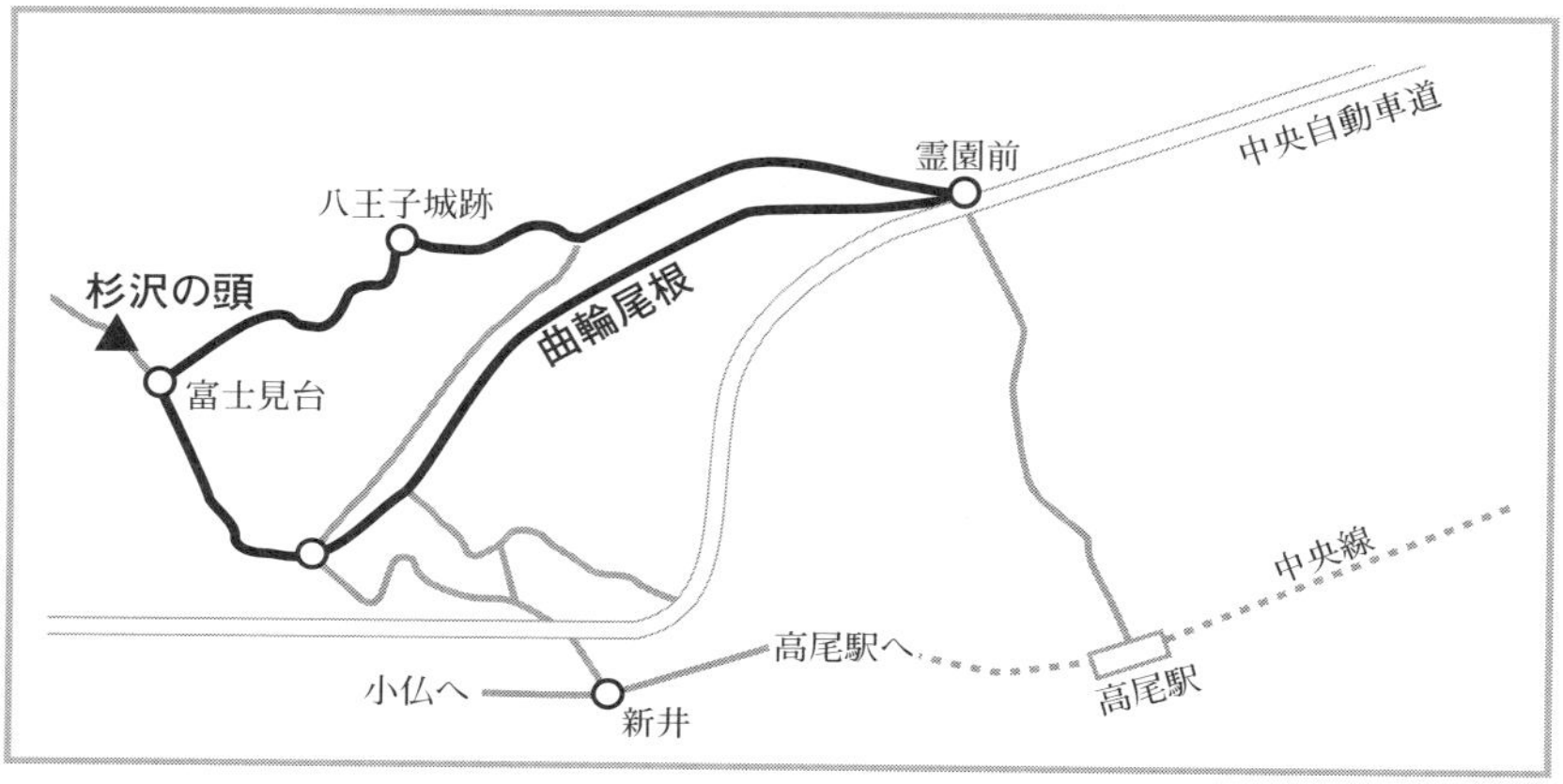

びりお昼にするにはよい。この先、もうひと登りがんばって登り切ったところが富士見台。正面に富士山が望まれ、歓声があがる。ここで小休止をしている間に、杉沢の頭へ往復されてはどうだろう。

富士見台より八王子城跡へと進む。城跡からは、今日歩いてきた曲輪尾根がすべて見渡せる。下りは城跡公園へ向かおう。直下の井戸水で五〇〇年の味を噛みしめてから下ると、城下を望む公園に着く。春は桜の名所として、山城をピンクに染めあげる。ここでもうひと休みすると、今日の出発地はすぐそこだ。

八王子は、東京随一の米どころだが、農作物作りも盛んである。八王子の地場野菜として脚光を浴びているのが足長ブロッコリー。これは、東京唯一の道の駅「滝山」で販売しており、ブロッコリーの足の長さにも驚くが、甘くてとても美味しいと評判である。

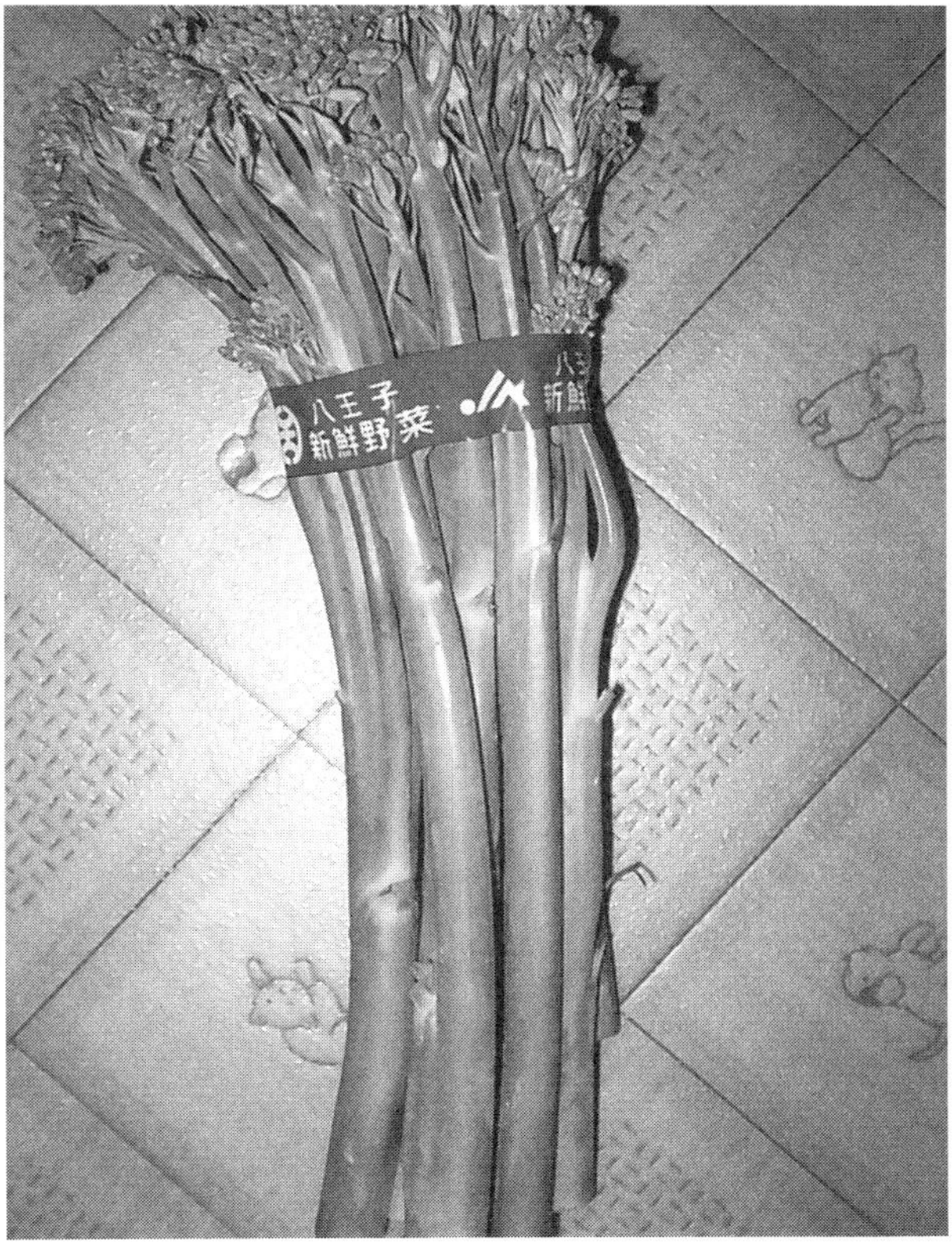

登山の帰りには足長ブロッコリーをおみやげに

東京特産陣馬リンゴの山
要倉山《ようくらやま》 549m 高茶山《たかちゃやま》 732m JR中央線から ★★

関場バス停でバスを下車し、要倉山から高茶山、高岩山へと続く尾根は、陣馬山周辺の各コースで唯一残された静かな尾根と頂の道である。道ははっきりしており、等間隔に赤テープも巻きつけられているので、指導標はないが、尾根上の道をはずさぬように歩いていれば迷うことはないだろう。静かな山を求める人向きで、充足感が得られる。

また、要倉山付近は陣馬リンゴの産地であり、リンゴ狩りが楽しめる。秋は、小粒ながら果汁をたっぷり含んだ市場に出まわらない東京産のリンゴを求めて、山旅に出るのもいい。行きがけに昼食用として、JR八王子駅で販売している駅弁「陣馬の栗飯」を買えば、旅の情緒も高まるだろう。

陣馬高原下行きのバスは北浅川の清流を遡り、夕焼け小焼けの碑まで来ると、東京と思えない景観となる。関場バス停横の小川商店を横目に落合橋を渡る。車道を進み、すぐ右手に見える尾根が、要倉山、高茶山へ向か

●コースデータ●

高尾駅＝バス＝関場バス停…10分…尾根上…25分…送電鉄塔下…30分…要倉山…40分…高茶山…35分…車道…15分…高岩山…15分…和田峠…20分…陣馬山…30分…明王峠…10分…底沢峠…20分…林道…20分…陣馬高原下バス停

立ち寄り湯：八王子温泉やすらぎの湯
立ち寄りどころ：陣馬のリンゴ狩り
美味いもの：陣馬リンゴ

う尾根の始まりである。この少し先の右手の竹林から登り出す。すぐに尾根上に上がることができる。尾根上には道があり、さっそく要倉山へ向けて登り出すと、ひと歩きで送電鉄塔下に出る。ここからの眺望はすばらしい。このコース唯一の展望台である。

植林帯の中を登って、要倉山の三等三角点に立つ。この要倉山の山頂と三角点はずれていて、三角点を過ぎてから山頂へ立つことになる。ここからも、展望のない植林帯の幅の広い尾根道を進む。赤テープがところどころ、約一〇〇歩ごとに巻かれているので、それに導かれるように登って行くと、低い笹原の広がる明るい高茶山の山頂に立つ。多少の展望があるので、間伐作業の進んだ切り株の上に腰を落ちつかせて、陣馬の栗飯をほおばる。味のしみたごはんが美味しい。そよ風が心地よく、いつまでもゆっくりとしたい静かな山頂だ。

もし、この高茶山から下山したければ、明るい間伐作業道を使って下ることができる。ジグザグの一本道を下り切ると、和田峠へ向かう車道に三〇分ほどで降り立つことができる。車道を下れば陣馬高原下のバス停に出られる便利な道なので、今日はここま

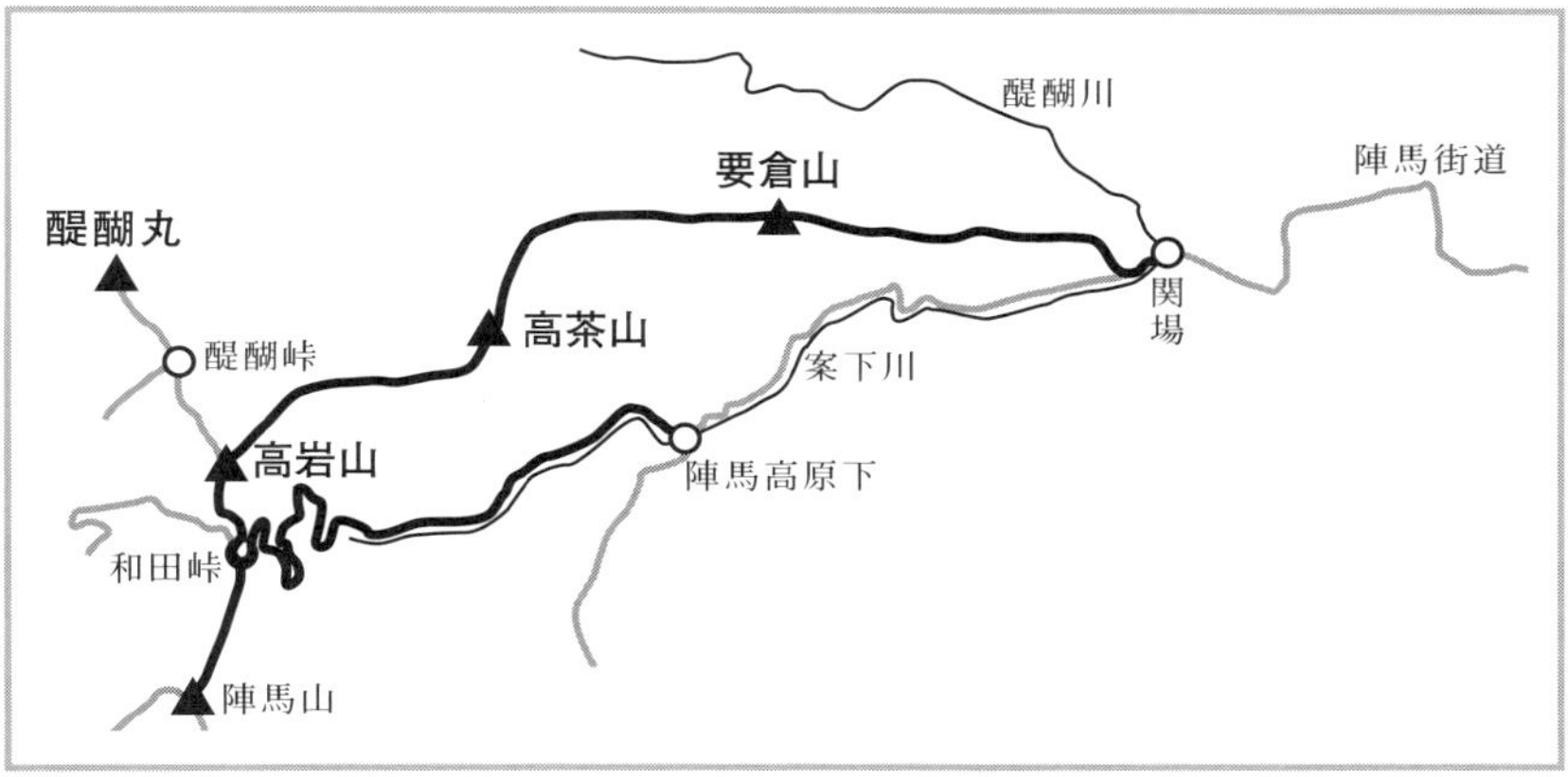

でというのも可能だ。

　高茶山から高岩山への山道は、植林帯の中ではあるが、静かでとてもよい。この間の道もはっきりしており、立木に赤テープが巻かれているので、尾根をはずさなければ問題はない。一端、車道に出る。この車道を左へ向かうと和田峠へ出るが、車道を歩くのもつまらないので、ここまで来たらこのままがんばって尾根通しに登り高岩山の山頂に立ち、高岩山東尾根を完登したい。

　車道の切り通しをよじ登り、このまま進んで静かな高岩山頂へ突き上げる。ひっそりとした頂に、高岩山の山名標示がある。この下で一般登山道と合流し、陣馬山まで下る。陣馬山からは、歩いてきた要倉山、高茶山、高岩山をよく望むことができ、あそこを登ってきたのかと充足感が得られる。

　帰りは、和田峠から陣馬高原下バス停へと、車道をゆっくり降りよう。その途中で、陣馬のリンゴ狩りを楽しむことができる。

山からの誘いを感じる要倉山の山頂

ひめのもちの清流、小津川の分水嶺
ボンゼン山《やま》
498m　JR中央線から　★★★

この山がどこにあるのかわからないという問い合わせをときどきいただく。この山は、五日市の入口に位置する戸倉三山の市道山から東へ発生する尾根、峰見通りの尾根が最後に小津で消滅する手前のピークなのだ。最近の地図には山名も標高すらも入らなくなってしまったので、わかりづらいという声もわからないわけではない。国土地理院発行の地形図には標高点が入っているものの、そこがボンゼン山かどうかというのは、本書のような紹介にあずからないと確認できないと思う。標高四九八メートルで、居酒屋の二階へ駆け登るような高さだと馬鹿にせずに、一度は歩いてみたい低山だ。

JR八王子駅から小津行きのバスに乗る。八王子市内の美好町、美山町、小津町は砕石場も多くダンプカーの往来も激しいが、東京の随一の米どころとして、秋は稲穂が風にゆれる静かな町だ。

バス停横の西沢橋で川を渡って、すぐの右手の畑へ入る。山の裾野に神明

●コースデータ●

八王子駅＝バス＝小津バス停…15分…尾根上の肩…45分…ボンゼン山…70分…車道…15分…鳥切場…20分…入山峠…30分…刈寄山…40分…刈寄川…70分…沢戸橋バス停＝バス＝武蔵五日市駅

立ち寄り湯：秋川渓谷瀬音の湯
立ち寄りどころ：阿伎留神社
美味いもの：秋川のモロッコインゲン

神社の鳥居が見えるので、参拝してから登り始める。神社の手前の裾野にお墓が三つ並んでいて、その脇に山道が伸び入っている。この道が峰見通りの尾根の末端である。ここから市道山へは、起伏が多くて長い道のりなので、目指す人は少ない。最初から尾根道なのだが、厚く積もった枯葉が滑りやすいので気をつけて歩きたい。一五分ほどで尾根上の肩に着く。

ひと休みするのにはよい明るさなのでここで休んでから進もう。ここからボンゼン山までは大きな起伏はなく、快適な登りとなる。

尾根上の肩より四五分でボンゼン山の山頂に着く。山頂には三角点と山名標示があり、小広い。休むのにはとてもよい場所だ。冬枯れの季節なら、木々の間から陣馬方面がよく見える。仲間と芋煮会でもしてここでゆっくりするのもいいが、今日は刈寄山までがんばる。いまだ紹介されたことのないコースであるとともに、この本の中では一番労力を要する山旅となることを覚悟していてほしい。

ボンゼン山から鳥切場までは、起伏のある厳しい尾根道だ。道ははっきりしているので迷うところはないが、枯れ葉が積もっていて滑りやすく、労力を強いられる。尾根からは対岸の入山尾根もよく望めて明るいが、夏場はヤブ道となるのでおすすめできない。晩秋から冬枯れの時期に歩き通したい

季節限定の道だ。

尾根をがんばって登り切ると、関場方面への車道に出る。ここから先は道標のある一般登山道へ入る。ひと登りで主尾根で、そこから少し下ったところが入山峠だ。ここから最後の登りで、いよいよ刈寄山の山頂となる。刈寄山は南側の展望がたいへんよく、東屋もあってゆっくり休める山頂だ。今日歩いてきた道程もはるかに望める、なんとも爽やかな山頂である。

刈寄山からは最短ルートの盆堀川へ降りるが、この道も急降下なので、足元に充分気をつけてゆっくり降りよう。木の根にひっかからないようにしなくてはならないのと、滑りやすいのとの両方が襲いかかってくる。刈寄川の林道に降り立つと、後は沢戸橋まで車道歩きとなる。

家族連れやグループならボンゼン山だけでも充分楽しいし、小津川で川遊びも楽しめるが、刈寄山を越えて五日市へ下山する横断ルートを紹介した。玄人好みで、八王子の奥深さを感じる山と谷の健脚コースである。

頂上からの展望がよい刈寄山

武田方烽火台の里山

鉢《はち》岡《おか》山《やま》

460m　JR中央線から　★

JR藤野駅前の案内板に鉢岡山の名はあるが、道程は記されていない。一度登ってみると、もっと多くの人に愛されてもよいのではないかと思うほどのすばらしい里山であることに気がつく。

藤野駅から国道20号線に出る。左へ出てから国道を渡り、日連大橋を渡るために右へ坂を下る。相模湖を日連大橋で渡って直進すると、一つ目のバス停である追分が見えるころ、道は突き当たるので左へ曲がる。二本立っている通信アンテナ鉄塔の真ん中を目指して歩くことになる。住宅街を抜けて墓地を過ぎると、アンテナ塔の根元を通ってコンクリート敷きの歩道へ上がる。これを左へ進むと右手に登山道が現れる。ここに道標はないが、時折赤布が下がっている。要は、アンテナ塔の真ん中に向かって進めばよい。アンテナ塔は高いので日連大橋から見えている。

道はしっかりしており、形もはっきりしているので歩きやすい。山腹を巻く

●コースデータ●

藤野駅…60分…杉峠…30分…宝山…20分…杉峠…40分…鉢岡山…90分…藤野駅

立ち寄り湯：藤野やまなみ温泉
立ち寄りどころ：烽火台跡
美味いもの：ワカサギ定食

ような道を登って行くと、尾根を乗り越す峠の鞍部に出る。ここが杉峠である。ここから左の山道へ入って宝山を目指そう。杉峠から三〇分ほどである。

峠からひと登りで明るく開けた尾根道に変わる。ここから宝山までの眺望はすばらしい。特に、冬晴れの日は言葉がないくらいの絶景で、三〇〇メートルの低山とは思えない。

心ゆくまで景色を楽しむと宝山（三七四メートル）の山頂に着く。三等三角点がある。眼下に相模湖と町が広がり、里山ファンならずとも「いいところだね」との声が出るだろう。連れて行った人は鼻が高くなるに違いない。

ここから、今度は鉢岡山へ向かおう。来た道を杉峠まで戻る。杉峠から新和田集落を抜けるところに道標があるが、気がつかないこともあるので、杉峠から左の林道へ入って行く。尾根上にある一軒家へ向かう林道で、軽自動車が通れるくらいの細い道だ。このまま林道を進むと一軒家を過ぎて、そのまま山道となる。山道は鉢岡山の斜面を横切るように登って、高度を少しづつ上げていく。明るい登りだ。

山頂部の烽火台跡となっているところには中継アンテナ施設があり、往時の役目を現在に受け継いでいる。武田方、北条方の領地の境界線であったことを説明するプレートもあり、ゆっくりで

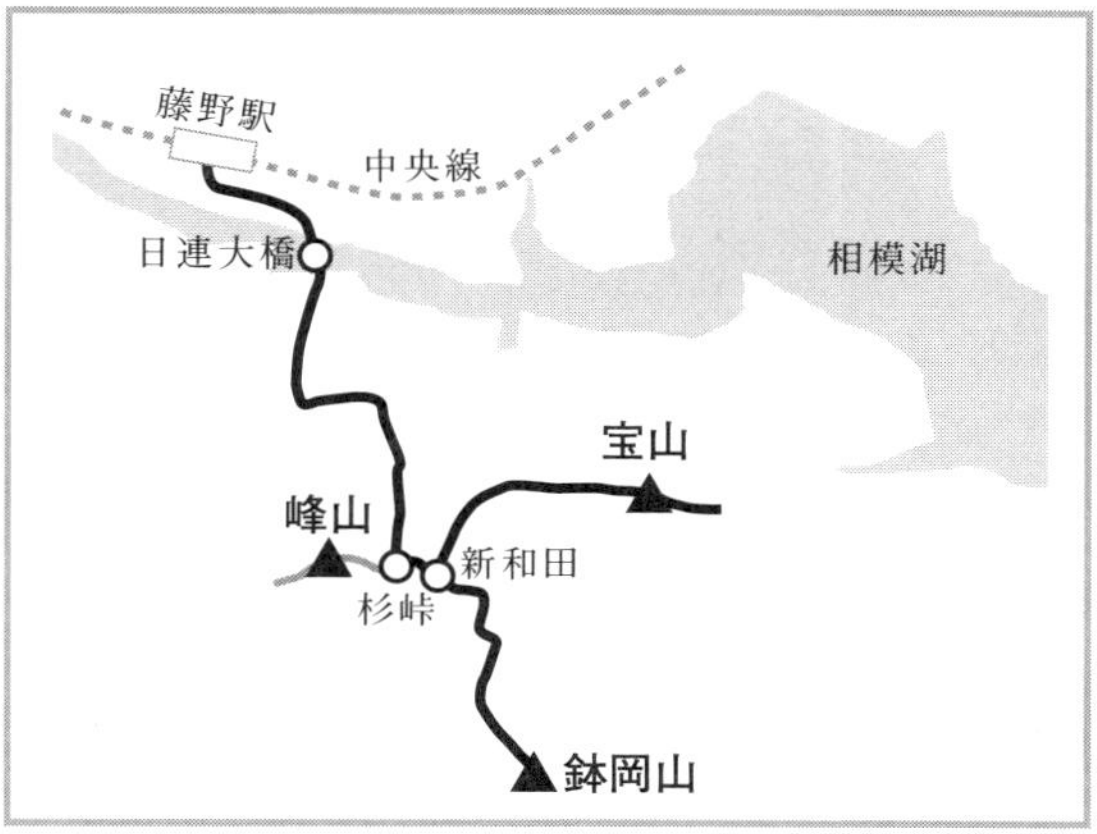

きるが、展望は宝山の方が勝っている。

帰りは眼下の裾野に広がる里へすぐ下れるが、交通の便がなく遠まわりになるので、来た道を戻ることをおすすめする。杉峠から宝山へ向かった道とは反対側の山道を登り、四二三メートルのピークである峰山へピストンするのもよいだろう。深秋のころの紅葉がすばらしい、帰りのお駄賃的な山だ。往復しても三〇分弱である。

そして、さらに時間があれば、日連大橋の手前を左へ曲がり、相模湖の湖畔を散歩して帰るのもいいだろう。貸ボートと釣りの店を兼ねたレストハウスでは、ワカサギのフライを食べることができる。外来魚にその住処を奪われた相模湖のワカサギだが、現地産でなくてもその情緒は味わえる。

訪れる人もまれな静かな山だが、低山と思えぬ展望や駅から直接向かえる手軽さ、グループでも充分楽しめるしっかりとした道なので、ぜひとも出かけてみてほしい、おすすめの山である。

烽火台跡の石碑が立つ明るい鉢岡山の山頂

甘酢っぱいヤマナシの頂へ

藤《ふじ》野《の》峰《みね》山《やま》

570m　JR中央線から　★

山からの恵みにはさまざまなものがあるが、山頂にヤマナシの古木が現残し、毎年秋にはたわわに実をつけて訪れる人を待ちわびている頂がある。それが藤野峰山だ。

それだけではなく、春にはワラビ、ユリの花の道など、四季の移り変わりを草花や恵みで感じることのできるすばらしい低山だ。

JR中央線藤野駅からバスに乗り、牧野小学校バス停で下車をする。藤野駅より一五分くらいだ。バス停から少し先の右側に道標があるので、この指示に従って山へ向かって行く。

道標に従い道を入ると、山腹を巻く道が続く。やがて尾根にからむようになり、やや急な登りとなる。右手より大鐘集落からの道が上がってきて、分岐をなす。道標が完備されているので心配はなく、歩きやすい道程だ。

山頂の手前に、風神、水神、龍神が見事に彫られた塔がある。昔の人が豊

●コースデータ●

藤野駅＝バス＝牧野小学校バス停…35分…大鐘集落分岐…5分…石塔…3分…峰山…40分…鉄塔下…3分…天神峠…7分…菅井の上集落…15分…菅井小学校バス停

立ち寄り湯：藤野やまなみ温泉
立ち寄りどころ：藤野園芸ランド
美味いもの：ヤマナシの実

作を天に祈った往時がしのばれる。ここから山頂まであと少しだ。

峰山の山頂には古峯神社の祠があり、ヤマナシの古木がある。明るい山頂で、南の方面の展望がよい。

ヤマナシの古木には鈴なりに梨の実が付いていて、大きいものはゴルフボールくらいある。引きずられたように枝が折れているが、その先端にも実が生き続けていた。折れた枝に付いているヤマナシの実を見ていると、この実をなにか美味しい果肉に変えてみたいと思い、大きいものをいくつか摘んで持ち帰った。

山頂から南へ、小舟、菅井方面へと下る。コンクリート製の丸太で作った階段は、やや歩幅が合わず歩きづらい。その上に草がかぶさり、足元が見えにくいので気をつけて下りよう。この先で、何か所か小舟、菅井方面への分岐を見るが、もう少し山道を歩いて菅井集落へ下る。鉄塔の下まで気持ちのよい尾根が続く。

鉄塔下から数分で天神峠へ出て、ここで東海自然歩道と合流するので、ここから菅井へと下る。菅井の上集落からは、山ユリの道と名付けられた道を下って県道76号に降り立つ。菅井トンネルの脇に

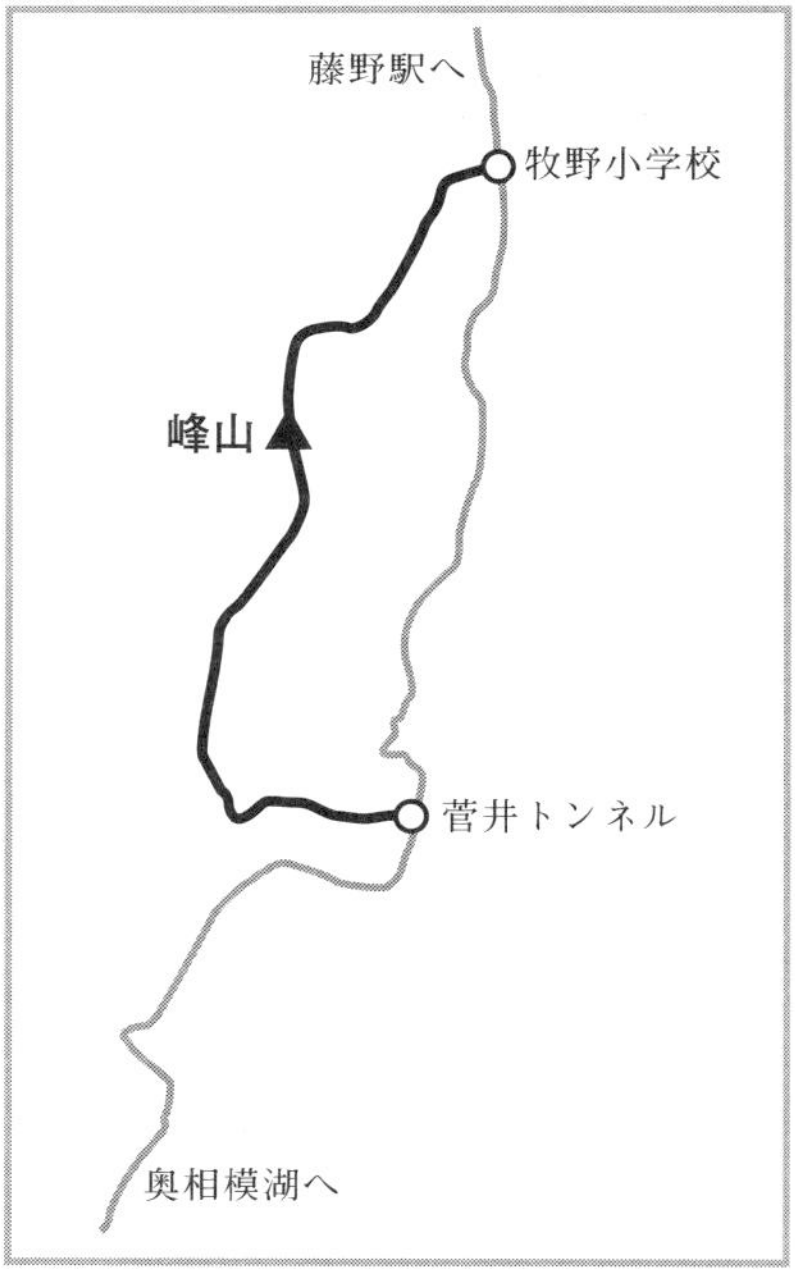

出て、左へ下ると菅井小学校バス停だ。

　バスの本数が少ないので県道を歩き始めたら、セミの鳴き声が聞こえてきたので驚いた。秋も深まり始めたころなので耳を何度も疑ったのだが、今でもセミの声を聞くとここのことを必ず思い出す。一匹のセミが私の人生に深い印象を与えてくれた、大切な山行となった。

　家に帰ってから、そのような話をしながら、ヤマナシの実と対峙する。

　まず実の皮をむき、二つ割りにした。半月球状のむきもの道具を使って芯を取り除く。缶詰の桃のように二つ割りの形にし、鍋にバターを溶かしてナシを入れて炒める。ここに白ワインを入れ、レモンのスライスと砂糖を加えてアルミ箔で落しブタをし、水分がなくなるまで煮て、仕上げにシナモンを振った。冷めるとジャムに近い状態になる。これをパンにのせて、焼いて食べる。酸味もゴジゴジ感もなくなり、とても美味しくいただくことができた。

小さな祠とヤマナシが迎える静かな山頂

芋茎の美味しい里山へ

イタドリ沢《さわ》の頭《かしら》

505m　JR中央線から

★

秋になると低山が恋しくなる。里山では実りの秋、収穫の秋と同時に冬支度の季節でもある。

里山の魅力の一つに、冬支度を間近に見られることもあげられよう。お正月を迎えるための準備を始める深秋、そんな景色を求めて里山へ赴く山旅はこの季節にしか味わえない。晩秋のイタドリ沢の頭と日野集落、奈良本集落を訪ねる旅に出かけよう。

JR中央線藤野駅で下車する。駅前の階段を降りて左へ歩き、踏切を渡る。トンネルへ入ってくぐり抜けると、右手に日野集落が見える。まるでタイムトンネルから抜け出したかのように風景は一変して、里へ放り込まれたようになる。

用水路としても用いられている沢井川を渡ってそのまま車道を進むと、大きく左へカーブする根元に道標の立つ登山口へ着く。道標には明王峠方面へ

●コースデータ●

藤野駅…15分…日野集落登山口…50分…大沢の頭…20分…イタドリ沢の頭…5分…奈良本峠…50分…吉野集落…10分…奈良本園地休憩所…30分…藤野駅

立ち寄り湯：陣馬の湯

立ち寄りどころ：藤野町郷土資料館

美味いもの：芋茎

の標記がある。道はよく踏まれており、登りやすい。

山の斜面を登って、尾根に上がったところが大沢の頭である。ひと休みするのには区切りのよいところだ。ここから尾根伝いの道を二〇分ほど歩くと、二等三角点のあるイタドリ沢の頭に着く。小広い山頂で、腰も下ろせるところだ。標高五〇五メートルとは思えない、空の青さと静けさの中に身を置くことができる。

胸のすくような小鳥のさえずりを聞きながら奈良本峠を目指す。今回は、この奈良本峠から吉野集落へ向かう道標の指示に従って進む。林道に入って下って行くと、吉野集落がどんどん近くなってくる。集落へ出て右に進み、奈良本園地休憩所を目指す。

奈良本園地にはトイレやテーブル、ベンチなどのほかに東屋、集会所もあり、休むのにはよい。ここから里の畑も広く見渡せ、白菜に菰をかけたり、長葱に土を盛り足したりしている風景が見られる。

奈良本園地から藤野駅までは車道を歩くことになるが、この車道も正月支度に一役買っていた。ガードレールや土手に干してある芋茎や大根を横目に見ながら、楽しく歩ける。

干している人に声をかけて、芋茎を分けていただいた。生のも

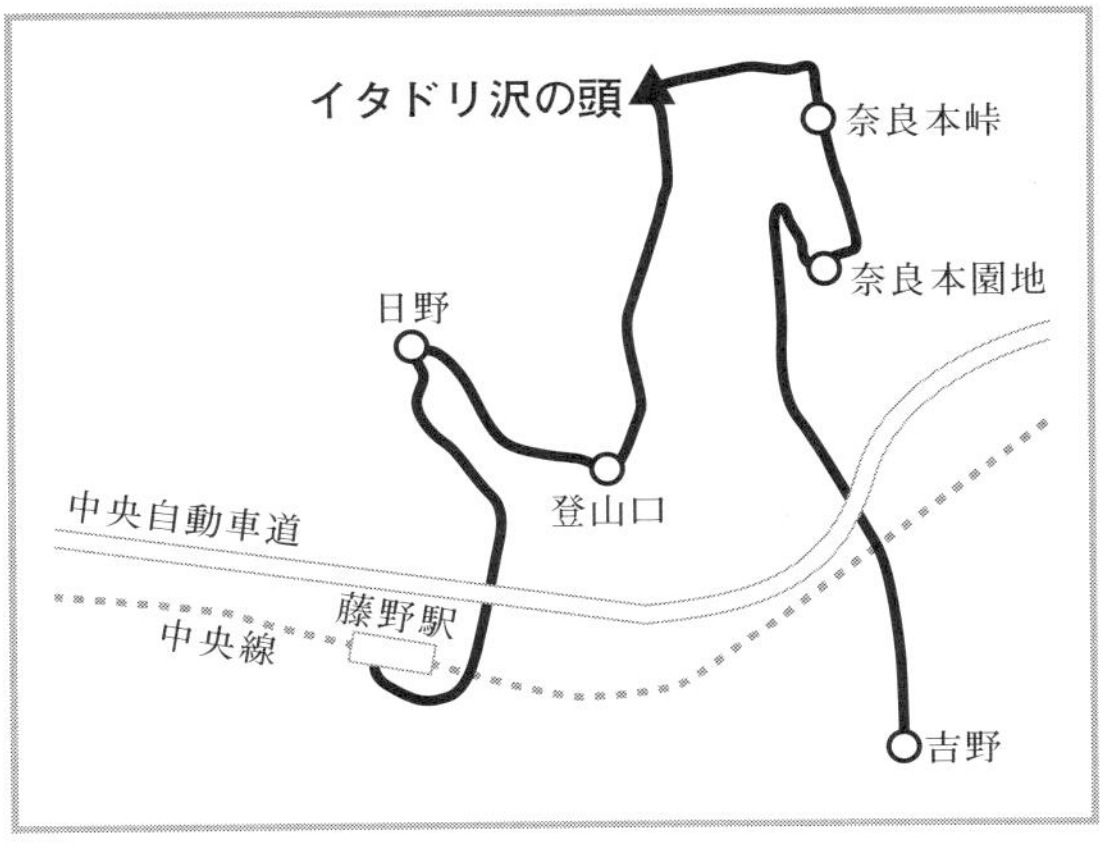

のは、皮を爪の先でむいて下ゆでし、煮物やみそ汁の具などにしたりする。お麩のようなやわらかな食感と、深い味を楽しんだ。

　干してあるものはぬるま湯に浸して戻し、水洗いをしてあくを抜く。油揚げや人参などと煮るととても美味しく、一二月から三月ごろまでが旬であると教えていただいた。

　カルシウムを多く含み、植物繊維も多いので、便秘の解消やコレステロール値を下げるなど成人病の予防にはトップクラスの働きがあるとのこと。もっと食べてほしいと思う。

「ずいき」ともいわれる干した芋茎は、しゃきっとした歯ごたえがなんともいえず、ついつい箸が進んでしまう。秋だけの里山の味だ。

　山を降りてからも、里山の風景に浸かりながら藤野駅に到着する。小さい山ではあるが、二等三角点と里暮らしの明るい風景が望める癒しの道である。

里山に冬の訪れを告げる芋茎

高尾の名水、小下沢の最初の一滴へ

三本松山《さんぼんまつやま》 611ｍ　大嵐山《おおらんざん》 583ｍ　ＪＲ中央線から　★

週末ともなれば、多くのハイカーが自然を求めて訪れ、「都民の森」ともいわれ愛され続けている高尾山。そのにぎわいとは逆に比較的静かな北高尾は、一年を通して高尾山系の奥深さと美しさを味わうことのできる屈指の山稜だ。その中に三本松山と大嵐山がある。

そして、この北高尾山稜と平行して流れる小下沢は清流として名高く、滝こそないものの、その水音や流れに魅せられている人は多い。三月初めに開催される高尾梅郷まつりのころは、春の訪れを待ち焦がれていた仲間が集い、里もにぎやかになるので楽しさも倍増する。

ＪＲ中央線高尾駅北口より小仏行きのバスに乗り、大下で下車する。少し戻って、中央線のレンガ造りのアーチ橋をくぐる手前で左手の車道へ入る。中央自動車道をくぐり、小下沢林道へと入っていく。小下沢と平行して続く林道は植林帯でなんの変哲もないが、六月なら木漏れ日の下に野みつばが生

●コースデータ●

高尾駅＝バス＝大下バス停…40分…小下沢野営場跡…20分…狐塚峠…25分…黒ドッケ…10分…杉の丸…10分…大嵐山…10分…三本松山…20分…関場峠…80分…大下バス停

立ち寄り湯：八王子温泉やすらぎの湯
立ち寄りどころ：小仏関所跡
美味いもの：高尾天狗ラーメン

えていて趣がある。しばらく進むと、鉄でできたゲートがある。

この先に、かつて「小下沢野営場」といっていた小広いキャンプ場跡地がある。ここは、景信山へ向かう山道が始まっており、休むのにはちょうどよい。また、小下沢の清流に最も身近にふれることができる場所なので、水音に耳を傾けたり、汗をぬぐっていくとよいだろう。

ここから、狐塚峠への小さい道標に従って、植林帯の中をジグザグに登って行く。二〇分ほどの登りで北高尾山稜上の狐塚峠に上がる。ここから西へ、北高尾山稜の縦走が始まる。ピークを巻く道はないので一つ一つピークを乗り越えて進む。夕やけ小やけへの分岐、黒ドッケを過ぎて杉の丸に着く。休むのなら、この少し先が眺望があってとてもよい。東側の展望がよく、吹き抜ける風が心地よい。

ここからはアップダウンも少なくなり、楽しく尾根を歩いていると大嵐山に着く。ここにはベンチがあって、休むのにはもってこいだ。道標に大嵐山と記してあるのでわかりやすい。ここから高圧電線鉄塔を過ぎて、ひと登りで三本松山に着く。

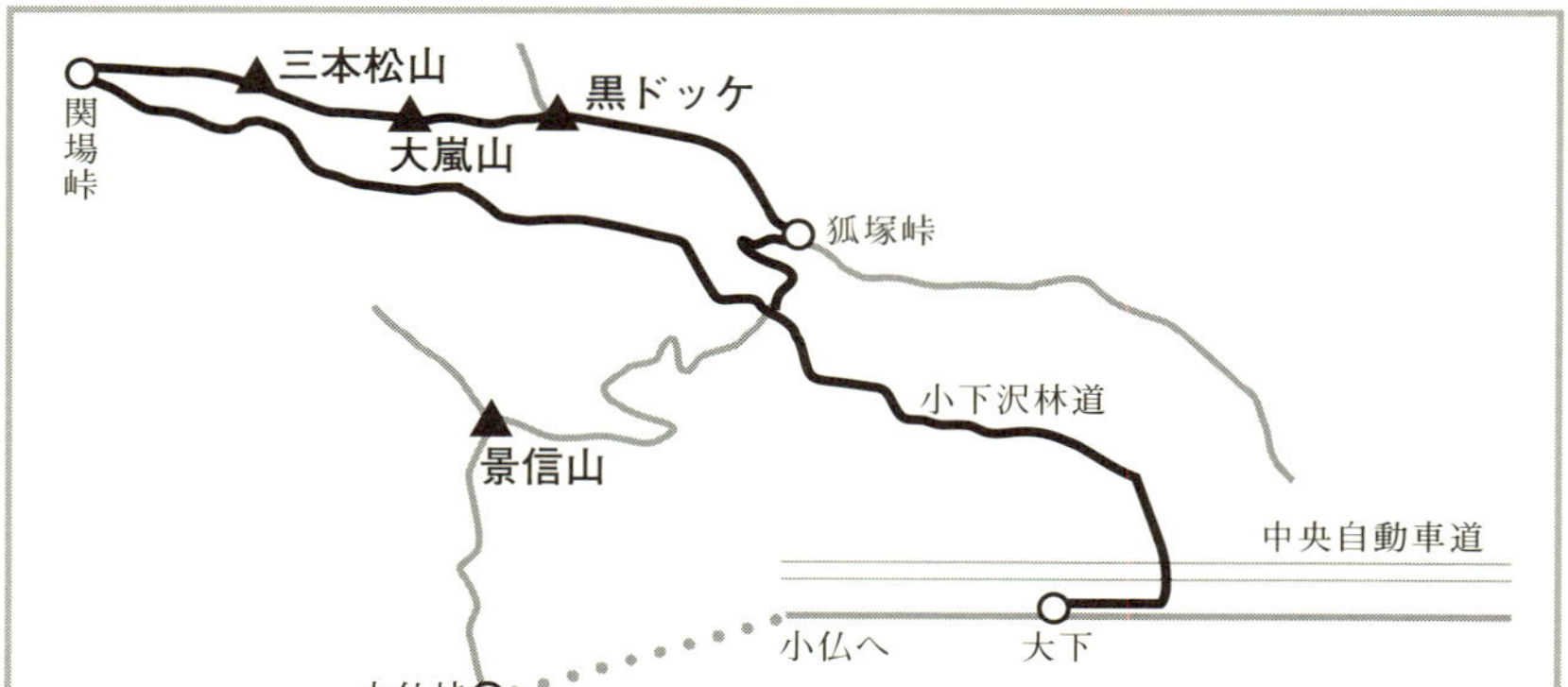

残念ながら三角点も山名標示もなく、ちょっとさみしい感じがする。ここから関場峠へと道は下って行く。関場峠は堂所山へ登り始める最低鞍部にあるが、峠の直下まで小下沢林道が来ている。今回は、この小下沢林道を下って出発地へ戻ろう。「林道なんて歩きたくない」とおっしゃる方も多いはず。しかし、ここは一般車は入って来ないために林道も自然の状態に戻りつつあり、ちょっと広めの明るい登山道となっている。この関場峠まできている林道の脇で、産声をあげたばかりの小下沢の最初の流れをくんで行こう。小下沢のせせらぎが、出発地の大下近くまで見送ってくれるやさしい道だ。

さて、旅の最後は、なにか珍しいご当地ものはないかなと、駅前のコンビニへ寄る方は多い。私の場合、まずお酒コーナーへ向かい、地酒のワンカップをチョイスする。これは山を二度楽しむ秘訣である。今回の成果は、ついに出たかと思った「高尾天狗ラーメン」。魚と和風だしでスープをとったあっさり正油味だ。

高尾山といえば天狗様である。その土地ならではの限定品を探すのも楽しい

宿場町の里山とあつあつまんじゅう

能岳《のうだけ》（向風山《むかざやま》）

542m　JR中央線から　★

JR中央線上野原駅から新井行きのバスに乗り、大堀バス停で下車をする。少し先の大堀の信号を右へ曲がって上野原中学校を目指す。車道歩きであるがそんなに長くはない。小さな山と山に挟まれたところに上野原中学校がある。校庭で吹く笛の音が聞こえてくる近さだ。

中学校の門の斜め前に、軽自動車が一台入れるくらいの幅の道が山の中へ伸びている。これが能岳への向かう道だが、ここには道標がない。少しうす暗い道で、やがて山道となる。小さな尾根と尾根の間で、水の流れのない沢のような舟底地形を歩いて尾根登りが始まる。密度の低い熊笹の中を登って尾根上に出る。まわりは自然林が多く、紅葉のころもすばらしい。

数年前にできたゴルフ場を右手に山頂へ向かう。山頂には能岳の山名標示と三角点がある。ヤブの深いところはないが、夏場は少々うっとうしいところがあるかも知れない。しかし、道ははっきりしており、迷うところはない。ここ

●コースデータ●

上野原駅＝バス＝大堀バス停…15分…上野原中学校…70分…能岳…55分…上野原中学校…15分…大堀バス停

立ち寄り湯：つる鉱泉
立ち寄りどころ：桂川の川釣り
美味いもの：甲州まんじゅう

で、二人連れの地元のおじさんに出会う。きのこ採りに来たといって、ビニール袋の中のきのこをいろいろ見せて下さった。能岳の半分の山稜は、ゴルフ場の建設で山菜採りなどできなくなったと嘆いておられる。現在の里山は、常に、ゴルフ場や産廃処理場の建設、宅地造成などの危機にさらされているという。地元の人も里山を守る行動を起こしたという話もうかがう。里山は地元の多くの方々の愛情で守られていることがわかるよい話だった。

話の最後に、この能岳の北側からの道には山菜があると教えていただいたので、次は山菜採りコースを紹介しよう。上野原駅より向風行きのバスに乗る。しかし、休日には向風行きがないので、新井行きのバスに乗り、終点から歩くことになる。それほど長くはなく、二〇分くらいの距離だ。

向風のバス停を過ぎて、そのまま車道を進む。すると、左手にカーブミラーがあり、その下に緑色の金網の手すりのついた道があるので、ここから登る。登ってすぐに道が二股になるが、尾根道をたどる。ここにはワラビがたくさんある。登り始めて一時間ほどで山頂であるが、山菜を摘みながら道に迷うケースも頻発しているので、あまり深入りしないように。また、二人以上で行動するようにしたい。なお、山菜は地

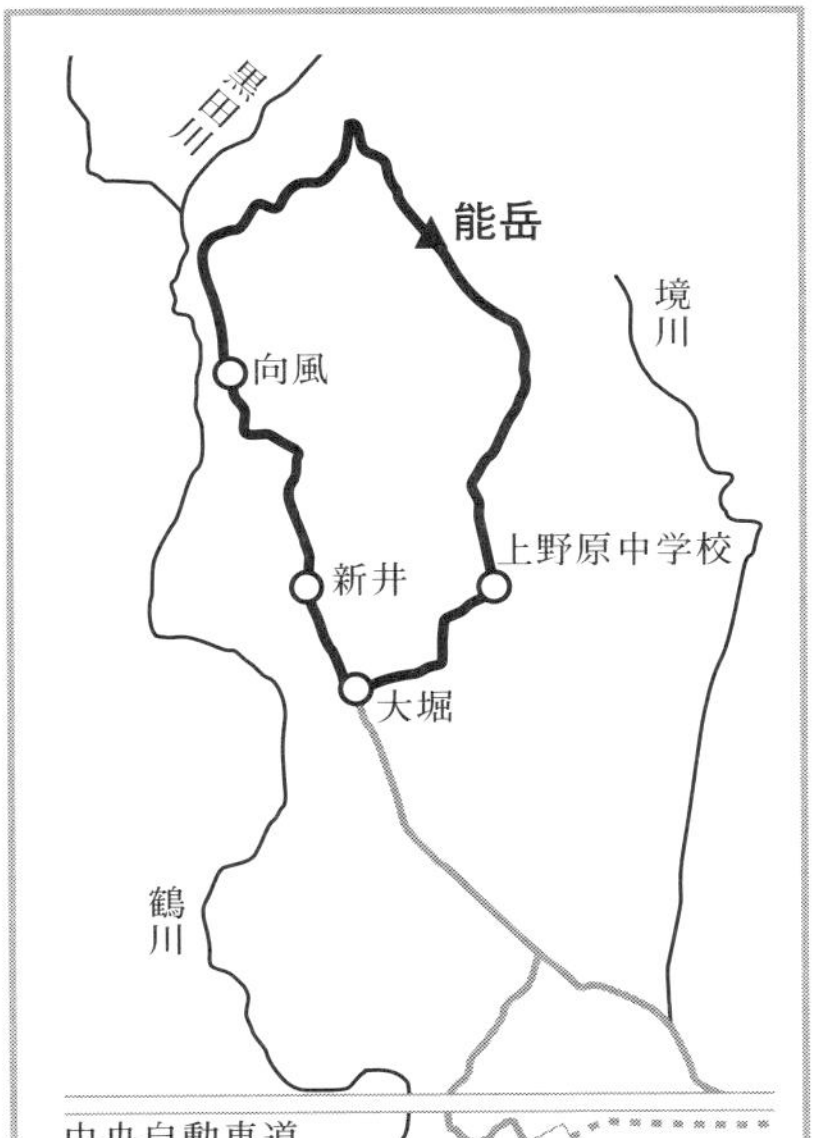

元の人も採りに来るので、独占せずに、多くの人たちで山の恵みを分かち合いたい。

下りは、上野原中学校へ降りれば、同じ道を歩くことなく変化に富んだミニ縦走となり、バスの本数も増える。バスの車窓から上野原の街を望むと、近年、住宅が増えて発展したなという印象がある。そんな中でも能岳は、今日もみんなの暮らしを見守ってくれている。里山って、なんでこんなにやさしくて温かいのだろうと思わせてくれる山である。

上野原は、駅前のほか、少し離れた甲州街道にも商店が集っている。この甲州街道沿いには古い商店もあり、甲州まんじゅうの店も昔をしのばせる。甲州街道を大月方面に向かって歩くと、商店街の端に蒸気が上がっているのが見える。

ふかしたての甲州まんじゅうはこの上なく美味しい。ここでは、まんじゅうを作る作業風景が窓越しに見られることもある。里山帰りにはいい寄り道となるだろう。

熊笹に覆われた能岳の山頂

冬枯れの季節がおすすめの静かな山

鈴《すず》ヶ《が》尾《お》山《やま》

833m　JR中央線から　★

JR中央線猿橋駅は貨物を取り扱っていたころの引込線が残るなど、国鉄時代の面影を残すなつかしい駅だ。日本三奇橋の一つとうたわれる猿橋が駅前近くにあって、手軽に楽しめる。岩殿山方面の展望がたいへんよく、一年を通して美しい風景が広がっている。

鈴ヶ尾山も、春は山菜、夏は沢遊び、秋は紅葉、冬は温泉と、一年を通して手軽に楽しめる。今まであまりスポットライトを浴びてこなかっただけに、穴場的存在の渋い山である。

猿橋の駅前もしくは富士急行バス大月営業所から朝日小沢上行きのバスに乗る。バスは山間の小さな集落を目指して、小沢川沿いの狭い車道を登って行く。一五、六分ほどで終点の朝日小沢上バス停に着いてしまう。もう少し乗っていたいと思うような気持ちでバスを降りるが、そこはもう山の中だ。

バス停より六〇歩ほど進んだ左側にレリーフがある。この道が完成した記念

●コースデータ●

猿橋駅＝バス＝朝日小沢上バス停…5分…登山口…70分…鈴ヶ尾山…20分…鈴ヶ尾峠…20分…無線中継所分岐…20分…朝日小沢上バス停

立ち寄り湯：湯立人鉱泉
立ち寄りどころ：大月市郷土資料館
美味いもの：しめじ御飯、笹子餅

のようで、その上にトタンで囲まれた物置小屋がある。そのレリーフを左に入って山へと入る。一五メートルほど進むと山道はY字路になるので、右へ入る。この道が鈴ヶ尾山北尾根の入口だ。この道を登って行けば山頂に着く。

道はもう一つある。朝日小沢上バス停から車道を歩き出して三〇分ほどの、猿橋無線中継所分岐を左へ入る。二〇分ほどで鈴ヶ尾峠に出るので、そこを折り返す形で尾根を進めば二〇分ほどで山頂に着く。道は、どちらかというと前者のほうがわかりやすい。降りるときにこの道を使うといいかもしれない。

なお、最初に紹介した道の途中にNHKのアンテナが立っていて、この付近にはワラビが豊富にある。特に五月の終わりごろだと、「ワラビ祭り」とでもいいたいほどだ。

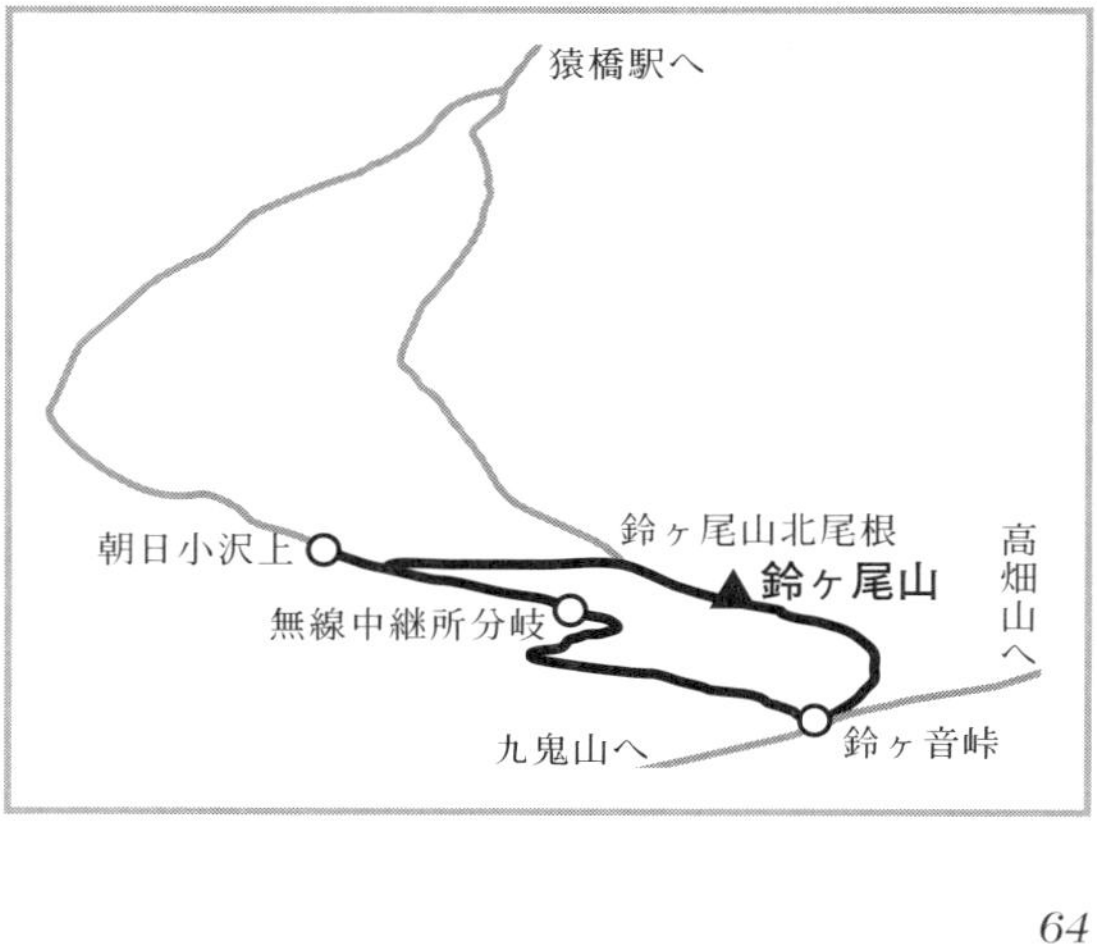

また、深秋のころは紅葉がすばらしく、冬枯れの季節は枯れ葉吹雪となり哀愁をかきたてられる。夏なら、バスを待っている間に、ビールを冷やしながら小沢川で川遊びに興じることもできるだろう。ただ、バスの本数が少ないので、出発する前に帰りの時刻を確認しておきたい。人数がまとまれば、タクシー利用が便利である。

深秋の季節、静かな山なので訪れる人もいないだろうと思っていたら、山頂では女性ばかりのグループが車座になって昼食を摂っていた。このような里山にも女性グループが訪れるようになったのは、ほんとうに喜ばしいことである。中央線沿線の桂川南岸には、倉岳山や高柄山など人気の山が連なっているので、こちらの山まで登る人はそれほどいないだろうと勝手に思っていたのだが……。

猿橋駅から一駅進み、大月駅始発の列車に乗って帰ることにする。駅のホームからは、菊花山がホームの屋根におおいかぶさるように望める。ホーム売りの駅弁、しめじ御飯と笹子餅を買って帰った。

笹子餅は、日を少し置くと固くなってしまうので、そうなってしまったら焼いて食べよう。おこげが旨味となって、とても美味しく食べられる。鈴ヶ尾山の山頂で出会ったお母さんたちも、笹子餅をコンロの火で焼いて食べていたのを思い出した。

山での思わぬ出会いをとてもうれしく感じるひとときだ。

枯れ葉の絨毯が敷かれた鈴ヶ尾山の山頂

秋の山栗拾いと大展望の小山

寺《てら》山《やま》（綱《つな》之《の》上《かみ》御《ご》前《ぜん》山《やま》）

568m　JR中央線から

★

時間はないけど、でも山には行きたい。そのようなわがままをある程度許してくれる里山が、JR中央線沿線にいくつかある。標高五〇〇メートル前後の御前山たちだ。別名も存在するようだが、ここでは混乱を避けるため市販されている地図に載っている名称で統一するとしよう。

上野原御前山（四八四メートル）は上野原駅下車。目の前の桂川を桂川橋で渡り、島田小学校前を通る。薬師堂を左手に見送り、墓地の脇を通過して山道へ入ると、墓地から三〇分ほどで上野原御前山の山頂に着く。山頂直下は急登だ。下りは同じ道か、反対側に降りて山麓をまわり込み島田小学校の脇に出る。

続いて四方津御前山（四六〇メートル）。上野原駅の一つ先の四方津駅で下車する。駅からエスカレーターに乗って一段上の住宅街に出る。右手に見えるのが四方津御前山である。四方津小学校の左を通って突きあたり

●コースデータ●

梁川駅…1分…規制標識…10分…忠魂碑…2分…鉄塔下…13分…八坂神社…10分…天王山…20分…寺山…35分…梁川駅

梁川駅…10分…中央線上りガード下…10分…斧窪御前山入口…15分…祠…15分…斧窪御前山…35分…梁川駅

立ち寄り湯：君恋温泉

立ち寄りどころ：梁川大橋と桂川渓谷

美味いもの：山栗、ぬかご、あけび

を左へ向かい、御前山の西尾根をまわり込んだところに山道がある。こちらも急な登りはあるものの、三〇分ほどで山頂に立つ。展望がとてもよく、里山とは思えない。下りは同じ道を降りるのがよい。

次の御前山は、四方津駅の一つ先の梁川駅で下車する。鰻の寝床のようなプラットホームにログハウス調の駅舎がある無人駅だ。駅を降り、国道20号線へ出て左へ向かうと、すぐに制限速度四〇キロの規制標識がある。この脇にコンクリート製の階段がある。これが寺山（綱之上御前山・五六八メートル）の登山口だ。

山道を登り、墓地の間を通って分岐を左へ。古い墓の前を通って再び山道を進み、ゆるいジグザグを二回登ると忠魂碑の広場に着く。その裏から再び山道を登る。鉄塔を過ぎて、八坂神社の石段の下段手前から、左手へ山腹を巻く道へ入る。尾根と重なったところから折り返して登ると天王山に着く。尾根伝いに登り詰めると、コブを左へ巻いて寺山山頂だ。山頂からの展望がとてもよく、ゆっくり楽しむことができる。下りは同じ道を降りるほかに道はない。

最後に、斧窪御前山（五二三メートル）へ向かおう。梁川駅のトイレの裏から、背の高い人なら頭をぶつけるような低いガードをくぐり左へ行く。中央線側のトンネルをくぐって右へ登り、斧

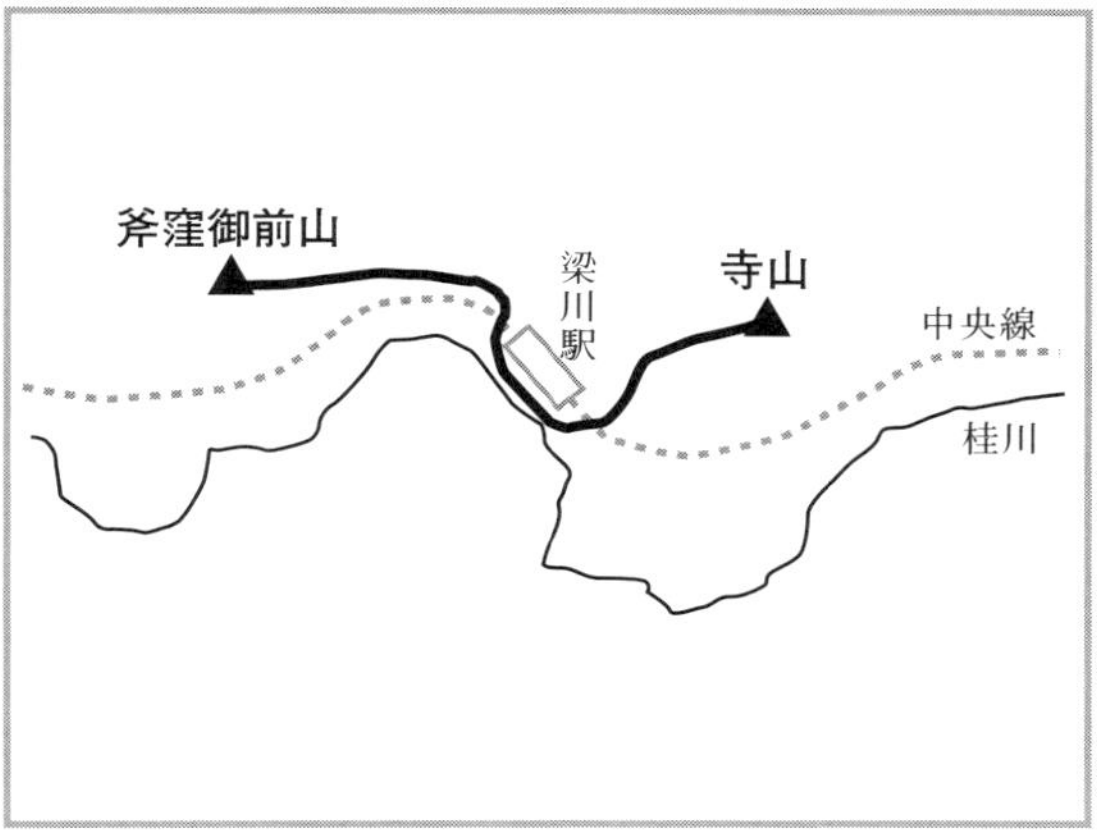

窪集落の上で左下に中央線下り線のトンネル入口を見ると、間もなく斧窪御前山への道標が見つかる。急なジグザグの山道を登ると祠があり、その裏からひと登りで斧窪御前山の頂である。

ここも山頂からの展望はすばらしい。とても低山とは思えないほどで、改めて低山の魅力にとりつかれるだろう。三等三角点があり、ゆっくり休むことができる。帰りは、同じ道をゆっくり下ることになる。

これら四つの御前山の共通点は、駅から登り始めることができて駅へ降りることができること、どの山頂も明るくて眺望がとてもよいこと、その日の体調によっては連続登山も可能なこと、里に近いことである。秋の寺山だと、鉄塔付近に山栗がたくさん落ちているし、寺山の反対側の尾根は御春山へ続いており、きのこ、あけびと山の恵みに出合うことができる。

自分の都合に合わせた山も悪くはない。小さくとも、力を持った里山たちである。

眺望がよい四方津御前山の山頂。駅からもわずかの時間で登ることができる

地酒、笹一を味わう里山

花咲山《はなさきやま》（梅久保山《うめくぼやま》）

713m　JR中央線から　★★

JR中央線大月駅で下車をし、改札口を出て右へ向かう。富士急行線のホームを右手に見ながら進むと、富士急行線と中央線を束ねるように長い跨線橋が現れる。実は、この跨線橋は大月駅周辺の山々が広く見渡せる展望台なのだ。甲府方面に目を配ると、たおやかに山麓を広げている山がある。これが花咲山（梅久保山）だ。深秋のころは紅葉がすばらしく、跨線橋からも紅や黄の色分けがはっきり確認できるほどだ。

少し前までは登路がはっきりしないために訪れる人もまれであったが、この山の素質を見抜いた登山者が、最近はだんだんと訪れるようになった。今回は、この花咲山の裏にある前沢山を登って山頂へ至る静かな道を紹介しよう。

大月駅前から上真木行きか間明野行き、または桑西行きのバスに乗り、上真木で下車をする。下車したら、右手の橋倉鉱泉への道へと入る。右手に墓地を見て、養護老人ホームを過ぎる。山の麓から中腹へ差しかかり、登り始めると

●コースデータ●

大月駅＝バス＝上真木バス停…50分…前沢山…40分…花咲山…80分…浅利公民館バス停

立ち寄り湯：橋倉鉱泉

立ち寄りどころ：笹一酒造

美味いもの：笹一、峠の釜めし

ころにある大きな左カーブの右側のガードレール脇から山道へ入る。ここは、左側の山崩れ防止として石積み段が備えてある最初のカーブなので、注意しながら歩こう。前沢山からの尾根が続いていて、道が尾根を越えているのだ。

ガードレール脇からは、形のはっきりとした道が伸びている。少しヤブっぽいところもあるが、一つ目の小さなピークを越して、二つ目が前沢山（六三四メートル）である。山頂には、小さいながら山名標示プレートがあって、休むのにはよい。前沢山から花咲山間の道は尾根上にあるので、尾根をはずさぬように進みたい。また、夏場はヤブが少々うるさいので、それ以外の季節に向かうことをおすすめする。

花咲山の山頂部が大きくおおいかぶさるように迫ってくる最後は急登だ。一歩一歩、ゆっくりと確実に足を運んで登りたい。息をはずませながら登り切ると花咲山の山頂である。大月の街並みが見下ろせるすばらしい展望が広がっている。跨線橋も見えて、まるで鉄道模型を走らせているかのごとくである。山頂は明るく、梅久保山の山名プレートと花咲山の山名プレートが入り乱れてい

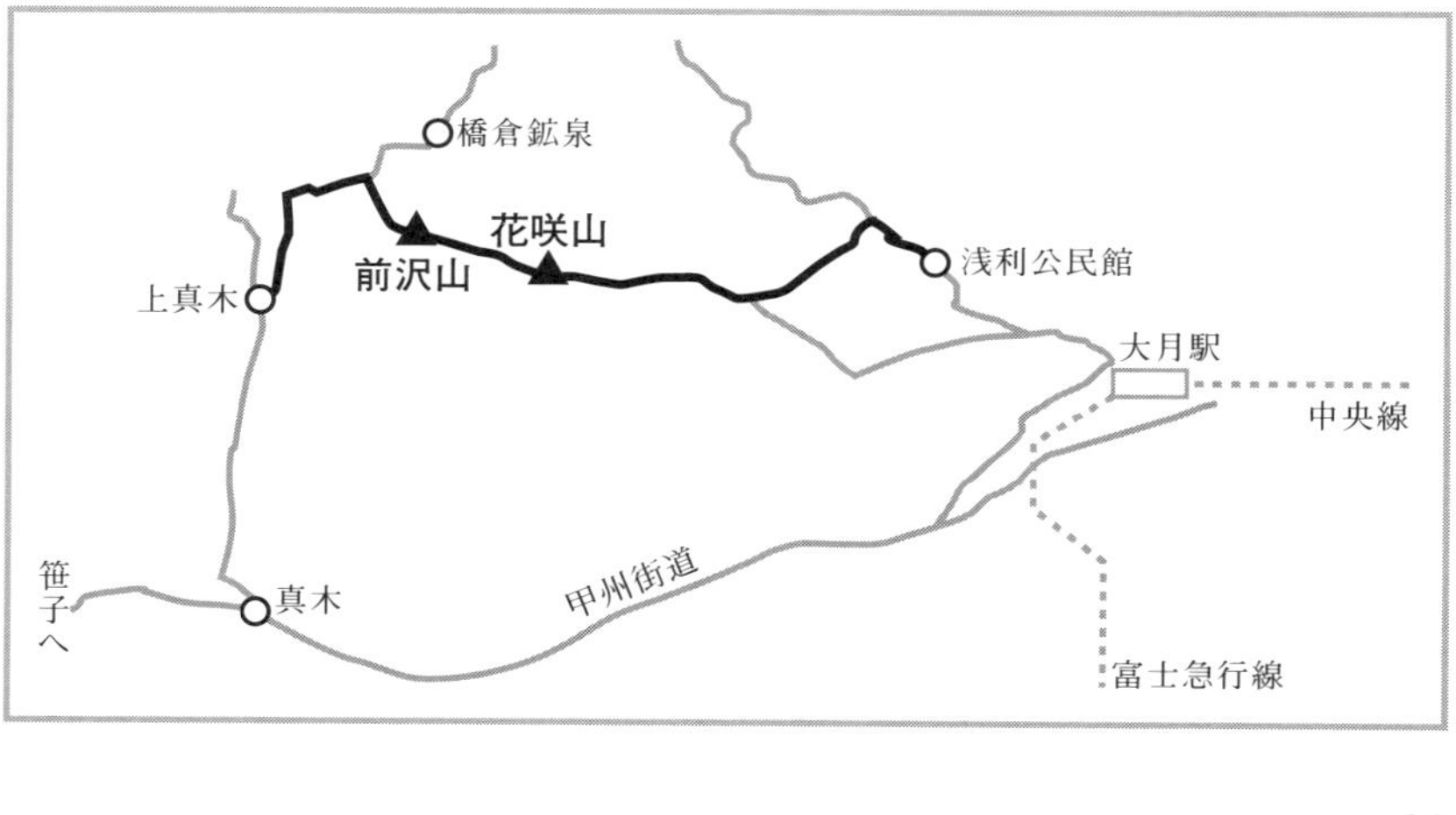

る。そのほかのまわりの展望も申し分なく、ゆっくり腰を下ろして休むことができる。

下山は東へ、浅利集落へと降りよう。下山はあわてず、最後まで尾根を追い、導かれるように道を下っていこう。道は浅利集落の公民館バス停横に降り立つ。ここから大月駅まで歩いても二〇分ほどである。帰りの跨線橋の上からも花咲山がよく見えるので、ここまで降りてくると一段と満足感が増すであろう。

大月駅は、峠の釜飯の都心から一番近い販売駅として有名だ。近くにある、甲州街道の難所として名を馳せた笹子峠がその由縁である。笹子餅などの甘味もあり、美味いものにはこと欠かない山間の宿場町だ。

甲州街道を甲府方面へ向かった笹子町には笹一酒造がある。山からの伏流水と、笹子川からの清澄な空気から生まれたこの酒は、日あたりが少ない笹子や大月周辺に暮らす人々を温めてきた酒だ。熱燗で身も心も温めて、改めて今日の山旅をふり返ってみたい。

花咲山山頂。広葉樹の間からは大月の街並みが一望の下

甲州名物、馬刺を楽しみに登る山

要害山《ようがいざん》

536m　JR中央線から

★

　JR中央線初狩駅下車で展望のよい山といえば高川山である。秀麗富嶽十二景にも選ばれたお墨み付きで、冬晴れの休日とあらばその富士を一目拝まんと多くのファンでにぎわいを見せる。

　私も昔、高川山に登ったことがある。当時は山頂に足の踏み場もないくらいワラビがあって、家族でよく摘みに通ったものだった。そのようなことを思い出し、近年、人気の高くなった高川山に嫉妬して、自分たちの高川山を探そうと出発したところから今度の山旅は始まる。

　上野原駅から飯尾行きのバスに乗り、鶴川に架かる鏡渡橋バス停で下車をする。正面のコンクリート敷きの坂道を入り、小倉集落へ進む。小倉集落からは、上野原の街を始め、桂川周辺の山々が一望できてすばらしい。この鶴川一帯の河岸段丘を上野原高原と呼んでいるが、この眺めは高原という表現がまさにぴったりである。

●コースデータ●

上野原駅＝バス＝鏡渡橋バス停…15分…大曽根鎮座山神社…60分…要害山…15分…登下分岐…15分…登下集落…20分…登下入口バス停

立ち寄り湯：つる鉱泉
立ち寄りどころ：桂川の釣り
美味いもの：馬刺、馬モツ

この道を進むとやがて林道になるが、林道になって間もなくのところに要害山への道標がある。その脇には大曽根鎮座山神社があるので、参拝してから行くのもよいであろう。休む場所としてもよいところだ。

道標には秋葉大権現登山口とあるが、これは要害山の山頂に祀ってある祠のことである。

山道に入って間もなくで道は二股に分かれるが、左側の道に入って畑に出る。上段の畑まで入ってイノシシ防護柵の裏へまわり込むと、しっかりとした山道と合流する。

ジグザグにつけられた山道を登り切ると山頂だ。小広い山頂で、休むのにはとてもよい。

富士の眺めは高川山に一歩譲るかも知れないが、周囲の眺望はすばらしく、五〇〇メートルほどの山からの展望とは思えない。すばらしい眺望を見せてくれたお礼を権現様にして山頂を後にする。

下りは登って来た反対側へ。道標があるので心配はないが、降り始めてすぐ分岐、今回は登下集落へ下山する。こんな山の中にも集落があって人の生活がある。里山は温和だと思う。

ほんのひと下りで集落に出て、車道を下ると登下入口バス停に

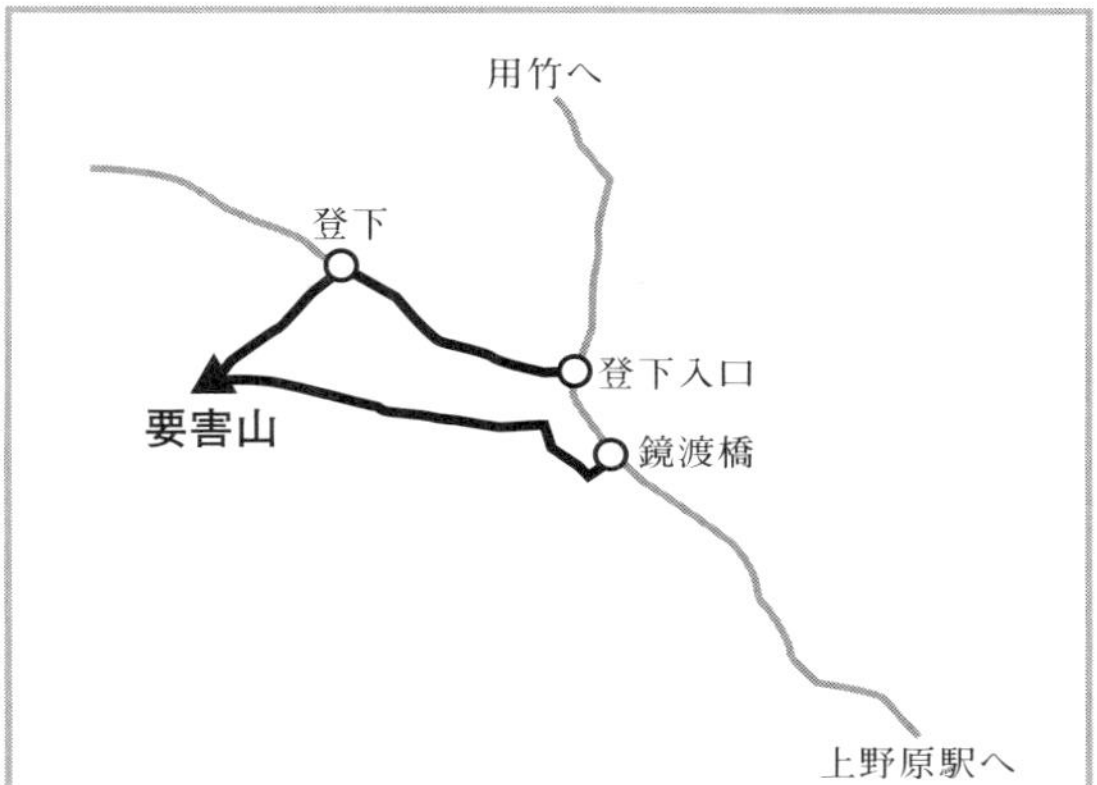

出る。今日出発した鏡渡橋バス停の一つ奥のバス停だ。もの足りなければ、要害山、墓村、用竹村へ縦走してもよいだろう。尾根上に道がついている。

登下集落に降りたら、畑を耕やすおばさんに「どこへ登って来たの?」と聞かれた。「要害山へ」と答えたところ通じなかったようで、「権現様のところへ行って来たの?」と聞き直して下さった。「今日は天気がよかったから、山もよく見えたでしょ」と付け加えてくれた。なにか、自分たちの山が見つかったような気がして、とてもうれしかった。

甲州街道に出て、上野原の商店街を大月方面へ進むと、左側に精肉店がある。甲州まんじゅう屋さんの少し手前だ。

ここの店では馬刺用の肉を取り扱っている。また、馬モツ肉もあり、豚モツとは違った食感が味わえる。冬の鍋物用の食材に適しており、地酒も進む。山に囲まれた甲斐の国らしいおみやげになるだろう。

小広い要害山の山頂。ここからの眺望はすばらしい

暖かい南斜面と展望、吊し柿の里山

大《おお》ゾウリ山《やま》

837m　JR中央線から　★★

大ゾウリ山は、八王子市の最高点である醍醐丸（八六七メートル）から生藤山（九九〇メートル）を結ぶ尾根上に位置する山だ。近くに有名な陣馬山がありながらあまり知られていないのは、尾根の中に含まれる小さなピークと考えられているからかも知れない。

しかしながら、沢井川を中心にすり鉢状に広がる大きな谷の頂点に大ゾウリ山はあって、明るく展望のよい尾根道、ほとばしる沢の水、暖かい南斜面、山の中の一軒家など、魅力いっぱいである。

ＪＲ中央線藤野駅で下車をする。駅より和田行きのバスに乗り、終点の和田集落を目指す。

バスは沢井川と平行して、流れが細くなるところまで登ってくれる。和田集落は南面で日あたりのよい場所に住居が点在しており、沢の流れもまぶしいほどである。

●コースデータ●

藤野駅＝バス＝和田バス停…25分…一軒屋…30分…主尾根上…10分…大ゾウリ山…20分…醍醐丸…10分…醍醐峠…15分…高岩山…10分…和田峠…15分…陣馬山…20分…和田分岐…25分…和田バス停

立ち寄り湯：陣谷温泉

立ち寄りどころ：藤野町郷土資料館

美味いもの：吊し柿

和田集落から生藤山、醍醐丸方面への指導標に従って登り始める。

最初は柏木沢の清流を見ながら登る。水のほとばしる音が自然の中にいることを知らせてくれる登りやすい道だ。

やがて、この流れが細くなるころ、柏木沢と別れて尾根に向かって斜面をゆっくり登ると、山の中の一軒家に出る。母屋の前に郵便屋さんの赤いバイクが止めてあり、住人がいらっしゃった。道路も通じていないと思われる山奥にもかかわらず、立派な母屋と蔵である。郵便屋さんはどの道を登ってきたのだろうか、家の方はどんな暮らしをされているのだろうかなどと、思いを馳せながら小休止した。

この一軒屋から先は、ジグザグに山の斜面を登り切って主尾根に出る。醍醐丸に向かって縦走を開始し、二つ目の小高い山頂が大ゾウリ山だ。道の途中にあるようなピークなので、通り過ぎてしまわないように進みたい。展望がよく、休むのにはとてもよいところだ。

休んだら、醍醐丸の山頂を目指そう。この先も道がしっかりとしている。歩きやすい尾根道を楽しみながら醍醐丸の山頂に立つ。五日市、戸倉三山の方面の展望がたいへんによく、腰を下ろすベンチ

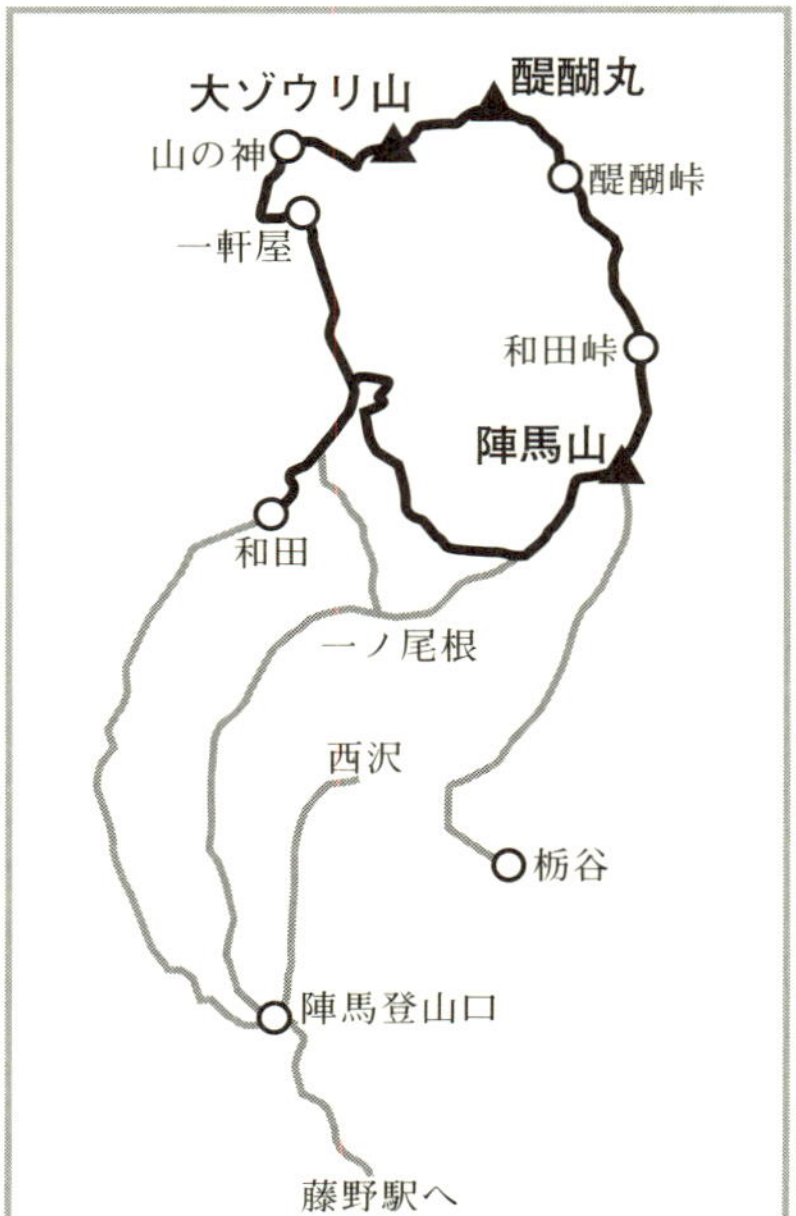

もある。

この山頂から陣馬山方面へ向かう。いったん下ったところが醍醐峠、もういちど登って高岩山だ。和田峠に出て陣馬山へ登る。すばらしい展望で、今日歩いてきた山並が見渡せる。

陣馬山から上沢井方面へ下って、途中の分岐で和田集落へと下りる。この山道も自然林で明るく、大ゾウリ山を常に正面に見ながらの道だ。ここまで来ると、今日出発した和田の集落はすぐそこである。沢井川を中心としたすり鉢状の尾根を半周したことになる。明るい尾根と山里が主役のすがすがしい山旅であったことに気がつくだろう。

和田集落は、南斜面という好条件を活かした吊し柿作りが有名だ。縁側でまどろむ猫の頭上に吊した柿が静かにゆれている光景は、まるで時間がここで止まったかのようだ。

里山の暮らしに改めて憧れる山旅である。

道の途中にあるような大ゾウリ山の山頂だが眺望はよい

トウキョウサンショウウオが生息する山

天《てん》合《ごう》峰《みね》

299m　JR中央線から　★

八王子市の川口町、川口川周辺と、美好町、山入川周辺は、絶滅危惧種に指定されているトウキョウサンショウウオの住む沢やオオムラサキの生息地として、貴重な生態系が残されているところである。

その二本の川の分水嶺となっているのが天合峰である。圏央道の天合峰トンネル建設時には入山規制されていたが、現在は丘陵と雑木林の中を歩くことができるので、ぜひ向かってみよう。

JR八王子駅から上川霊園行きのバスに乗り、影沢で下車をする。

西田橋の信号を曲がって川口川を西田橋で渡る。川口川の水辺に立つことができるので降りてみよう。

小魚の群れを見ることができる。この小魚を狙って飛来してくる鳥も多く、バードウォッチングの場所としても有名なところだ。

新緑のころは水辺に咲く草花や芽吹きが美しく、ぜひとも訪れてみたい季

●コースデータ●

八王子駅＝バス＝影沢バス停…5分…西田橋…5分…長楽寺…25分…金比羅神社…20分…天合峰…10分…三光院…10分…熊野神社…10分…森下バス停

立ち寄り湯：八王子温泉やすらぎの湯
立ち寄りどころ：川口川
美味いもの：桑のどら焼

節である。

西田橋を渡って進むと右手に長楽寺が見える。右側に墓地や駐車場、お堂がある。左手にも駐車場があるが、道をそのまま直進して山の中へ入って行く。行き止まりではないかと思ってしまうが、左手にある駐車場を見送る形で奥へ入って行けばよい。やがて山道が現れる。これが天合峰への道だが、ここには道標がない。

入るとすぐに、浅い沢に水が流れているのを見る。いかにもサンショウウオが棲んでいそうな沢だ。これを跨いで道を追って行く。すると山の斜面の登りとなる。ひと登りで明るい尾根に取り付いて、登り切ると祠のある主尾根に上がってしまう。金比羅神社があって休むのにはちょうどよい。

ここから縦走を開始する。いったん軽く下り、ゆるやかに登りながら山中へ入って行く。

尾根道をはずれないように、自然林の中材木で囲まれた山道を歩く。これは宅地造成を行っているためで、もっと自由に歩かせてもいいじゃないかといいたくなる道だ。

仕方ないので導かれるままに進む。しかし、尾根上は、近くで造成をしているとは思えないほどに深山を感じさせる。やがて道

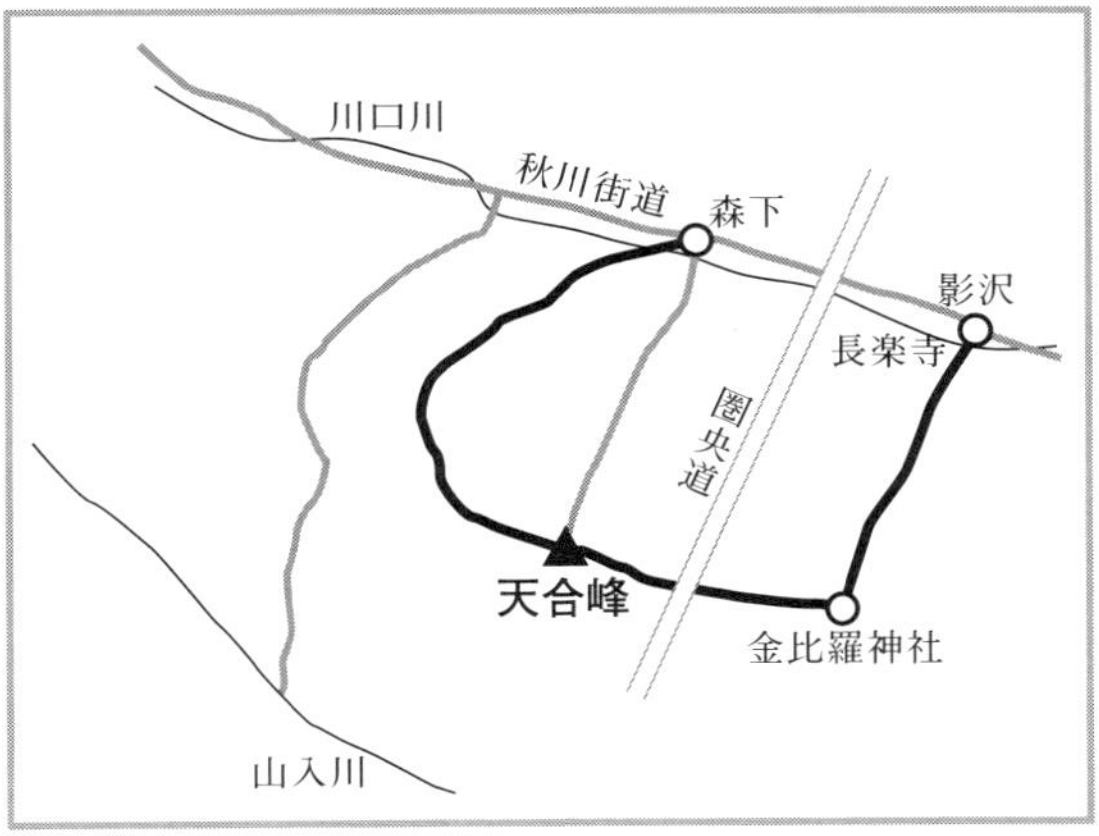

は右へ下り始めてしまうが、本当の三角点のある山頂は棚を越えたもう少し先の尾根上だ。

この先は、車道が深い切り通しの下を通っているので、あまり進まないほうがいいだろう。もう少し歩きたいが、下って川口川の水辺ハイクをしたほうが趣きがあっていいと思う。

下り始めて一〇分ほどで、三光院という寺に降り立つ。ここから熊野神社を経て、釜ノ沢橋を渡り、森下バス停に着く。

途中、気をつけて沢や川辺を見ながら歩いたが、ついぞトウキョウサンショウウオの姿を拝むことはできなかった。そう簡単に見つかるはずもないが残念である。

しかし、一度は本物を見ておきたいと思い、天合峰の帰りに中央線吉祥寺駅の近くにある井の頭自然文化園に立ち寄った。やはり、自然の状態がよく保たれたところでしか生息できないとのこと。湿地や沢、森や沼は本当に大切なんだということがよくわかる山旅であった。

ビギナーでもベテランでも、四季を問わずに楽しめるのが低山の魅力だ

富士の勇姿と温泉も楽しめる

荻《おぎ》の丸《まる》

794m　JR中央線から　★★

休日ともなればハイカーが押し寄せる扇山や百蔵山の人気は、明るい山頂からの富士山の眺めに定評があるからだろう。その雄大な姿を見たならば、日本人に生まれてほんとうによかったと改めて感じ入るに違いない。

その扇山の東尾根上にあるのが荻の丸と犬目丸である。残念ながら、どちらの山からも富士の眺望はない。しかし、この山の麓には「君恋温泉」があって、ここからはすばらしい富士の姿を望むことができる。

今回は、人気の扇山に隠れてあまり紹介されることのなかった荻の丸と犬目丸の二山に登り、君恋温泉でゆっくり湯舟に浸りながら富士を眺めるという、ぜいたくな山旅へ出かけよう。

ＪＲ中央線上野原駅で下車し犬目行きのバスに乗る。バスの本数が一日二本と少ないので注意しよう。人数がまとまれば、タクシーを利用するのもよい。

安達野バス停で下車をして歩き出す。バス停から見えるＹＢＳ放送のテレビ

●コースデータ●

上野原駅＝バス＝安達野バス停…45分…金比羅神社…35分…荻の丸…30分…犬目丸…35分…君恋温泉…10分…車道…15分…犬目バス停

立ち寄り湯：君恋温泉
立ち寄りどころ：扇山
美味いもの：君恋温泉の山の幸料理

塔が立っている方向へ、車道を登って行く。鉄塔の前を通って進むと集落があり、右手に指導標が現れる。アスファルトの道が切れるまで進み、切れたところで左手の山道へ進む。すると、すぐに神社が見えてくる。その神社の脇から山道が伸びているが、これが荻の丸、犬目丸へと向かう扇山の東尾根の始まりだ。

登り出しは展望のよい道であるが、少しヤブがうるさい。斜面の中腹あたりに金比羅神社がある。ここからもジグザグに登って行く。この上の斜面を登り切ったところが荻の丸の山頂だ。

山頂には山道が通っておらず、直下を巻いてしまうので、少しの間だが山道を逸れて斜面を登ることになる。山頂に立った後、縦走路に戻って犬目丸へ向かおう。登山道の右側の立木に赤テープが巻きつけられている目印がある。見落とさぬように注意して歩こう。立木の赤テープに沿って尾根を少し登ると犬目丸の山頂に着く。こちらも荻の丸と同様に山頂に登山道が通っておらず、道は山頂直下を巻いてしまうので注意が必要だ。この先、縦走路に戻って進んで行くと、君恋温泉からの太い道と合流する。

ここからは、この太い道が扇山へと導いてくれるが、今回は君

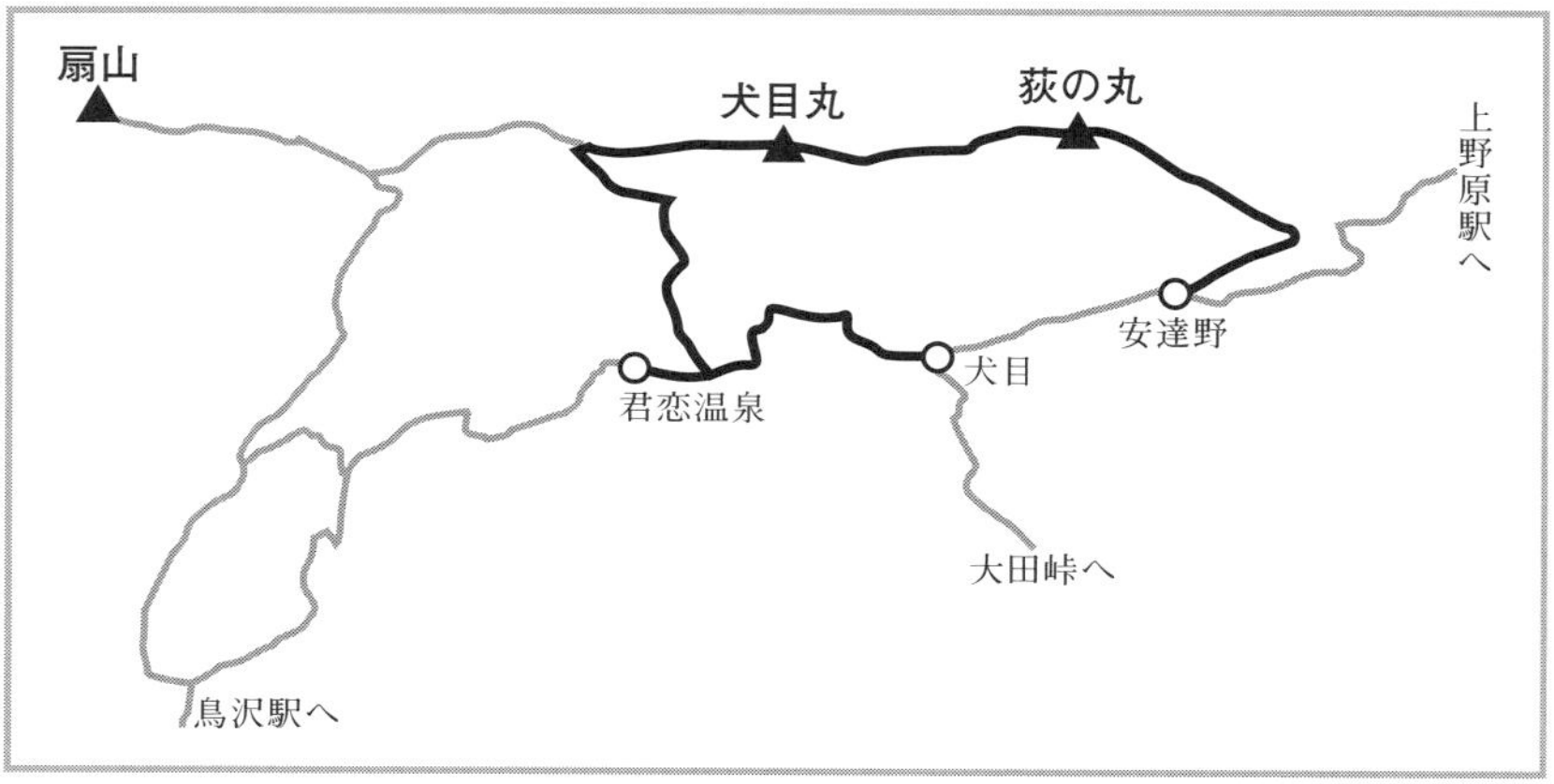

恋温泉へ下って富士の眺望を楽しもう。

山腹にあるひなびた温泉宿だが、富士の眺めには定評があるのでぜひ立ち寄りたい。裾野の広い雄大な姿が迎えてくれる。

君恋温泉からはひと下りで車道に降り立つことができるが、バスは犬目からしか出ていないので、少し車道を歩くことになる。

この県道大月上野原線は旧甲州街道で仲間川、鶴川とからみながら上野原で現在の甲州街道と合流する。一段高い山の裾野を歩く旧甲州街道からの眺めもすばらしい。扇山を水源とする仲間川は清流を保ったまま鶴川へ注ぎ込むので、バスの車窓からも爽やかに見ることができる。

バスに乗らず、歩いて梁川駅へ向かうこともできる。犬目から中央自動車道をくぐって大田集落へいったん下り、それから大田峠を越えて梁川駅へ向かう八〇分くらいの小さな旅だが、こちらも郷愁誘う里の風景がとてもよい。

荻の丸はハイカーに人気のある扇山の東尾根上にある。登路には山菜も豊富だ

大野貯水池の見事な桜の山

御《おはんな》春山《やま》

463m　JR中央線から　★

休日の朝のJR中央線下りでは、ハイカーラッシュに遭遇することがある。天気がよいと、この日を心待ちにしていた人たちの笑顔と楽しげな会話で、車内はおおいに活気づく。高尾駅以西の電車の乗り継ぎアナウンスに耳を傾けて時刻を確認する。高尾駅のホームは同行の仲間を捜し合う人で、原宿駅並みのにぎわいだ。

御春山は大野貯水池の湖岸を固める山で、眺望もたいへんよく、山麓の里歩きも充分満喫できるという三拍子そろった山である。

四方津駅で下車をする。駅前で身仕度を整えたら、身体を温めてから出発しよう。

駅前の国道20号線を渡って、頭上の道路案内板に従い、大野貯水池へ向かって坂道を登る。

普段の大野貯水池周辺は人気もあまりなくひっそりとしているが、春の季節

●コースデータ●

四方津駅…40分…大野貯水池…10分…東屋…30分…御春山…10分…祠…20分…南米沢…20分…大野貯水池…30分…四方津駅

立ち寄り湯：つる鉱泉
立ち寄りどころ：桂川
美味いもの：桂川の川魚

は池のまわりを取り囲む桜がいっせいに咲き誇る。それは見事な桜で、ここは宴会場と化すのである。このころと、山肌が紅や黄で染まる深秋のころをぜひおすすめしたい。

池の堰止めの上を対岸に向かって歩き出す。静かな湖面に御春山が逆さに映し出され、視界も広くなる。対岸に渡り、坂を登り切ったところに東屋がある。ちょうど区切りがよいのでひと休みしよう。

ここからの眺望はたいへんよく、とても低山とは思えない。桂川沿岸にある低山のほぼすべてが見渡せる展望台だ。

地図はもちろんだが、双眼鏡などの小物があると心が弾むに違いない。この東屋の裏から御春山への山道が始まっているので出発しよう。

少し能笹が密集しているが、道ははっきりしているので迷うところはない。道はすべて尾根上にあるが、倒木に注意しながら進んで行こう。鳥の鳴く声も軽やかに響く一本道だ。起伏を越えると山頂も近い。

山頂には、四等三角点と御春山の山名標示板がある。静かで小さな山頂ではあるが、座り込んで昼食を摂る程度のスペースがある。

ここからも尾根道が続く。いったん軽く下ると、右より南米沢

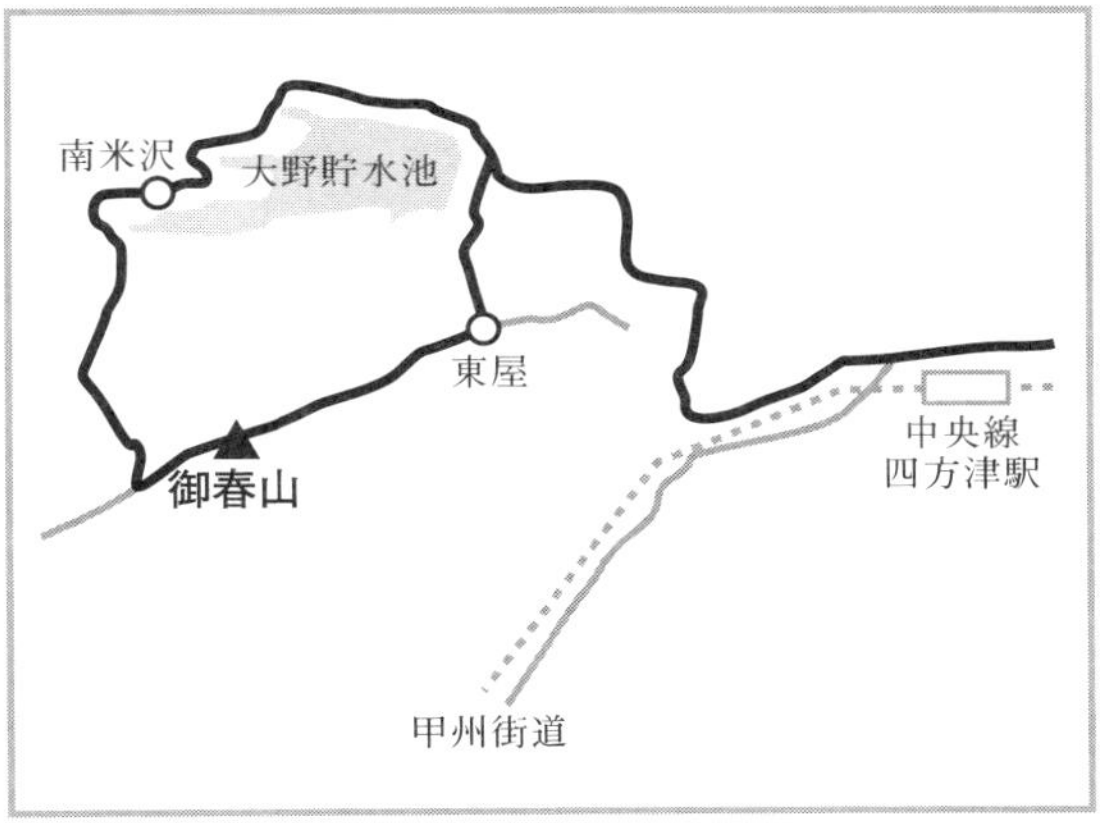

集落からの道が登ってくる。ここには赤色の祠があってわかりやすい。今回はこの道を下って南米沢へと降りよう。

ゆっくり下っても二〇分くらいしかかからないが、貯水池を半周ほどまわるトレッキングが楽しめる。

貯水池を囲む道は遊歩道となっていて、諸設備も行き届いている。春は湖面を桜がピンクに染め上げる、美しいところだ。

やがて今回の出発地に戻るが、できればバスに乗らずに歩いて駅まで戻りたい。山の里をゆっくり眺めながら駅に向かおうではないか。駅より一段高い貯水池の台地からは、桂川周辺の里が明るく見渡せる。

駅から登り始めることができて駅へ降りられる手軽さと、湖畔の低山に登り湖畔歩きを楽しむ最高の里山だが、あまり紹介されることもなく、いつもひっそりとしている。一度歩いたら、今度は誰かを誘ってもう一度行きたくなる湖畔の里山である。

雑木林の中にある小さな御春山の山頂

景信山に残る静かなルート

景《かげ》信《のぶ》山《やま》東《ひがし》尾《お》根《ね》

727m　JR中央線から　★

高尾山や陣馬山などと同じくらいに人気のある景信山。山頂からの眺望はもとより、山麓までのアクセス、整備された山道、休憩所、茶店、見どころも充実しており、都民の憩いの山として週末ともなれば多くの行楽客やハイカーが足を運ぶ。

変化に富んだコースを歩いて眺望を楽しみ、茶屋で自然の恵みをしっかり味わいながらまた歩く。そのような黄門様のような旅を味わえるのが、ここの魅力であろう。

景信山にはいくつかの登山道があるのだが、登り尽くした人であってもぜひともおすすめしたいのが景信山の東尾根だ。いつ行っても、自然のゆりかごがあなたを待っている。

JR高尾駅で下車して小仏行きのバスに乗る。このバスは、満員だと増発することがあるので、乗り切れないということはない。レンガ模様のアーチ橋で

●コースデータ●

高尾駅＝バス＝大下バス停…10分…東尾根末端…90分…景信山…30分…小仏峠…45分…小仏バス停

立ち寄り湯：八王子温泉やすらぎの湯
立ち寄りどころ：小仏峠
美味いもの：山頂の茶屋のナメコ汁

中央線をくぐって、大下バス停で下車をする。

　少し戻って、アーチ橋の手前のY路地を左へ入る。小下沢方面へ入り、坂を登りながら左へカーブする車道の頭上に中央自動車道が通っている。道が左へカーブするところに資材置場のような小広いスペースが左側にあるので、この敷地内へ入って尾根に取り付く。ここが東尾根の末端である。

　道標などは特にないが、しっかりとした道が尾根上にあって、これを追って行けば迷うところはない。中央自動車道と同じ高さに達するまではやや急登であるが、そこから先は静かな尾根登りが楽しめる。

　バリエーションルートといえば格好がいいが、人気の景信山へ向かうというのに、ほかのルートのようなにぎやかさはない。尾根道が緩やかになって、一般登山道を横切る。ここで初めての道標を見て、最後の登りに取りかかる。

　山頂が近づくにつれて、景信山のいつものにぎやかさが戻ってくる。そして山頂に立つと、今、登って来た東尾根の全景が見渡せる。また、富士山や前衛の山々、高尾山など、評判通りの眺望

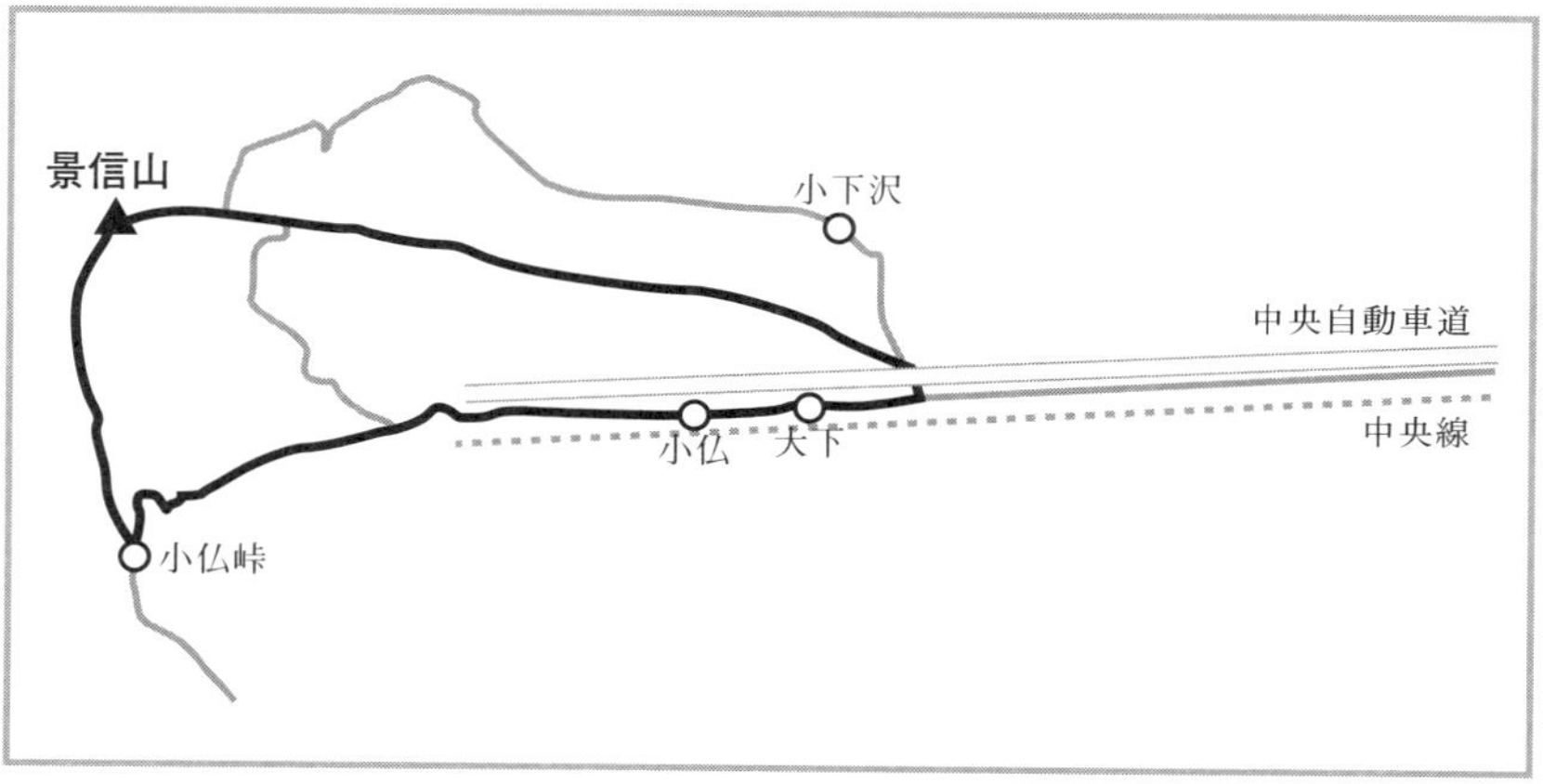

にきっと満足するだろう。山頂が大勢のハイキング客でにぎわっているのは、なんともほほえましい光景だ。

山頂からの下山路は好みに応じて選べばよいが、小仏峠を経由して小仏のバス停へ下る最もポピュラーな道で降りて行こう。

下り始めはやや急なので、注意して足を運んで行きたい。また、滑りやすい粘土質のところもあるので、あわてずに呼吸を整えながら下って行こう。

小仏峠には茶店もあって、ゆっくりできる。ここが甲州街道として活躍していた時代に思いを馳せながら峠を降りると、軽自動車なら通れるくらいの道に降り立ち、駐車スペースへと着く。ここからは車道となり、小仏バス停へと九十九折りの道を下って行く。

普段から聞こえている山や登りなれた山であっても、登路次第でまた違った側面を見ることができるという、とてもよい体験となるだろう。ぜひ足を運んで見てほしいものだ。

景信山東尾根の入口。人気の山にあっても静かな登路がある

東京のブランド牛を訪ねて

勝峰山《かつほやま》

454m　JR五日市線から　★

駅から登って駅へ降りられる手軽な山なのだが、以前から登り口がわかりづらいといわれていたので、わかりやすい道をたどって登頂するべくトレールを確認しに行くことにした。帰りは、東京で唯一といわれるブランド牛、秋川牛を、バーベキューの聖地ともいわれる秋川のほとりで焼いて食べよう。

JR五日市線武蔵五日市駅前を左へ出て、バス乗り場のロータリーをまわり込み、駅前交番の裏に出る。ここにはトイレもあり、出発の身仕度を整えるのにはちょうどよい。このまま道路を大久野方面へと歩き出す。

五日市線のアーチ橋をくぐってゆっくり左カーブを登る。道路の左側に「南聖園老人ホーム」の看板が立っているので、この道へ入る。この先のY字路を左へ入る。ここは小机自治会、三内地区だ。

左へ入って畑が現れると里山の風景に変わる。畑の脇にいくつも並ぶ庚申塚の角を右へ曲がる。突きあたりはお寺で、これを左へ向かい、そのまま真っす

●コースデータ●

武蔵五日市駅…55分…薬師堂…10分…尾根上…40分…深沢北尾根分岐…30分…勝峰山…80分…武蔵五日市駅

立ち寄り湯：つるつる温泉
立ち寄りどころ：秋川渓谷
美味いもの：秋川牛

ぐ進む。この先、道は行き止まりとなるが、手前のコンクリート壁のある砂利道へ入る。一瞬、民家の庭先かガレージにでも入ってしまったかのような雰囲気なのでとまどうが、この砂利道へ入るとすぐに小さい畑、そのまままっすぐ進むと山へ入って薬師堂に着く。もしわからなければ、薬師堂はどこですかと聞けばよい。目に効く薬師様だそうだ。道標はないが、この薬師堂脇の山道が勝峰山へ向かう登山道なのだ。

ひと登りで小さい尾根の上に出る。この尾根にも踏み跡があるが、この道はお寺の裏へと続いている。つまり、お寺の裏からも登れるということだ。勝峰山は石灰石の採石の山で、半分近くが削られている。一番わかりやすいのはセメント工場内の道なのだが、全面立ち入り禁止である。よって、帰りも同じ道を降りてくる以外に方法はない。

手入れの行き届いた薬師堂周辺には、六月ともなれば育ちのよい野みつばがたくさん生えているので、帰りに摘みとっていくとよいだろう。山道はしっかりしており、道標はないが迷うことはないだろう。

ひと登りで一段上の尾根と合流するので、右へ登りにかかる。里に近いが、自然林のところでは深山を感じさせる静かさだ。採石場を避け

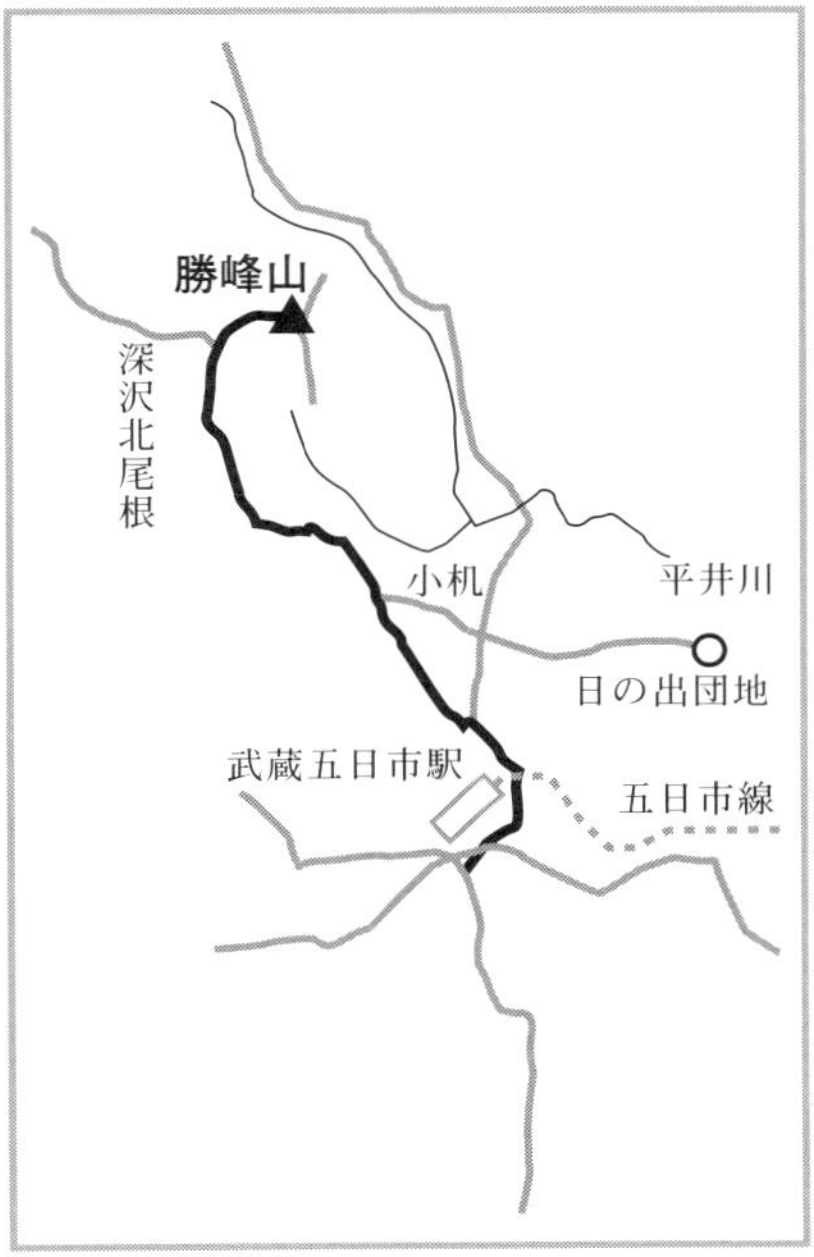

るようにまわり込む尾根道となるが、全コース、道は尾根上に付けられているので明るく歩きやすい。途中、深沢の北尾根との分岐が左に現れるので、引き込まれないように注意したい。ここは右へ進んで勝峰山を目指すが、この分岐には赤テープが巻いてあるものの、道標がないので気をつけよう。

薬師堂から八〇分くらいで勝峰山の山頂に立つ。深沢の北尾根との分岐からは三〇分ほどだが、標高の割に時間がかかるのは採石場をまわり込んでいるためだ。山頂には祠があり、三角点もある。一段下からは展望が得られ、ゆっくり休むのによい。

同じ道を戻って駅に向かう。駅前から五日市街道を檜原方向へ進んだ右側に、店の前に幟を数本立てた精肉店がある。ここで秋川牛の肉を取り扱っている。秋川牛である証明書を付けての販売だ。焼肉もいいが、すき焼がとても美味しかった。とろける肉とともに黒毛和牛独特の肉汁が口の中いっぱいに広がる逸品である。

爽やかな木漏れ日が差し込む勝峰山の山頂

名酒の仕込み水も湧き出る里山

戸《と》倉《くら》城《じょう》山《やま》

434m　JR五日市線から　★

JR武蔵五日市駅から払沢の滝入口行きのバスに乗り荷田子バス停で下車をする。

荷田子の信号の脇に「ふるさと工房」という名の売店がある。里の野菜や加工品などが並んでいて楽しい。すすめられて、五日市特産の野良坊菜というアブラナ科の葉野菜を買った。すると、野良坊菜之碑というものが小中野の子生神社の境内にあると教えられたので、帰りに寄ってみようと思う。

荷田子の信号の角にある道標に従って荷田子峠を目指す。

上を見上げると、尾根上の荷田子峠の道標が確認できる距離である。植林の背が低いため、明るく見晴らしのよい登りだ。

ひと登りで、戸倉三山の臼杵山からのグミ尾根上にある荷田子峠に出る。ここから左に尾根を進んで戸倉城山を目指す。道はよく踏まれており、道標も要所にあるので迷うところはない。

●コースデータ●

JR武蔵五日市駅＝バス＝荷田子バス停…30分…荷田子峠…70分…戸倉城山…30分…光厳寺…10分…沢戸橋バス停…5分…子生神社

立ち寄り湯：瀬音の湯

立ち寄りどころ：子生神社、野崎酒造

美味いもの：野良坊菜

戸倉城山は、戦国時代にこの地方を治めていた豪族、大石定久の城があった山だ。

大石定久はもともと滝山城主だったが、そこを北条氏照に譲ってこの戸倉の山城に移り住んだ。

武蔵五日市駅を過ぎた五日市街道から、西に三角形の大きな山容を見せているのが戸倉城山で、四三四メートルの標高とは思えない立派な姿だ。

尾根はアップダウンを繰り返しながら三九一メートルのピーク、盆堀山や送電鉄塔を通り、ひと登りしたところで山頂に立つ。山頂にはテーブルやベンチがあって、休憩にはとてもよい。

今回は、ここから光厳寺へ降りるとしよう。

濡れていたら滑りやすそうな岩の階段や急坂を下りる。ゆっくり慎重に足を運んでほしい。戸倉の街並みがぐんぐん近くなり、七〇〇年ほど前に足利尊氏が開いたという森の中の光厳寺に着く。

ここから戸倉小学校の横を通って、地酒「喜正」の蔵元、野崎酒造の脇に出る。沢戸橋バス停はすぐ右側だ。

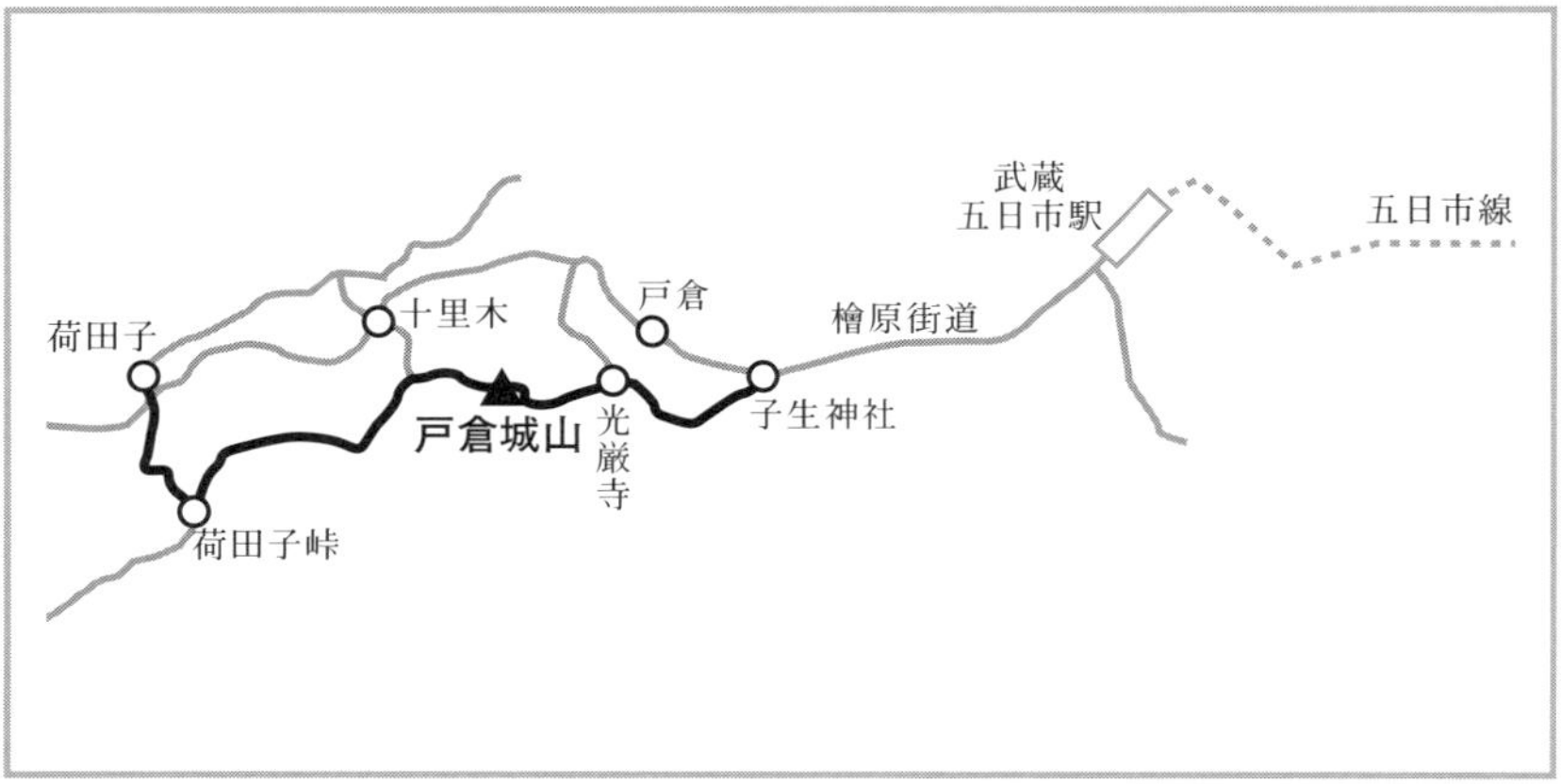

さて、ここから野良坊菜の碑がある子生神社へ行ってみる。

バス停から歩いて五分くらいなので、バスの待ち時間に往復可能だ。

五日市方面へ歩き出し、秋川をアーチ橋で渡る。右手に日本料理屋の建物の道路をはさんだ反対側にある。うす暗い感じの境内の中に碑はあった。

明和四年、幕府代官伊奈備前守が、地元名主代表の小中野四郎衛門、綱代五兵衛に命じて、この付近の村に野良坊菜の種子を配布し、栽培法を授けたという。碑は、その功績を永く後世に伝えるために建てられたものらしい。

五日市は清流と緑の里。古い歴史と豊かな自然のこの町で、春を告げる味覚として愛され続けてきたのが野良坊菜なのだ。

おひたしでいただいたら、アスパラのやわらかい穂先のような食感で、とても美味しかった。

五日市特産の葉野菜・野良坊菜。大凶作の際に住民を飢餓から救ったと伝えられている

これぞ清流、小坂志川と山の幸

万《まん》六《ろく》の頭《かしら》

883m　JR五日市線から

★★★

JR武蔵五日市駅を発車した数馬行きのバスは市街を抜け、秋川を遡りながら進んで行く。

檜原村役場を過ぎると、道は北秋川沿いと南秋川沿いとに分かれて、より険しさを増して行く。

車窓からの景色は、春は山桜、初夏は新芽、秋は紅葉、冬は雪景風と、四季それぞれの顔を見せる。

降りたバス停は柏木野。今回は万六の頭付近の自然を満喫しよう。

南秋川のこの地域は森の息吹きの濃いところで、桜が終わって新しい緑が出るころは特にすばらしい。

東京にもこんな清い流れがあるのかと思うほど美しい小坂志川沿いを歩き、胸いっぱいにマイナスイオンを吸おうではないか。

南秋川の日あたりのよい川岸に軒を集める柏木野の角に、連行峰、生藤山方

●コースデータ●

武蔵五日市駅＝バス＝柏木野バス停…60分…檜の大木…30分…万六の頭…45分…小坂志沢林道…30分…笹平バス停

立ち寄り湯：瀬音の湯
立ち寄りどころ：五日市特産物直売所
美味いもの：旬の山の幸

面への指導標があるのでこれに従って山へ入って行く。

橋の上から見る南秋川の渓流の美しさはこの上なく、水の流れる音がこだまする。すぐに登山道の入口に着くので、身仕度を整えて出発する。

植林の中をゆっくり登って行く。登山道は万六の頭の下を巻いてしまう。山頂に立つためには、山頂直下で尾根伝いに登らねばならないので注意が必要だ。

植林の斜面を登り切ると主尾根上の肩に出る。ここには檜の大木と祠がある。

登り始めて六〇分ほどのところで、区切りもよいので休んでから出発しよう。

木々の間から万六の頭が見える。祠から三〇分ほど、尾根を登り切ったところが八八三メートルの万六の頭だ。山頂は小広く、涼とした風が吹き抜けて、よいところである。

同じ道を降りてもよいが、山頂から東へ伸びる踏み跡をたどって東尾根を下り、小坂志川へと降り立つとしよう。

踏み跡は、かなり正確に尾根をとらえているので信用できるが、見失わないように下りて行かねばならない。もし自信がなければ、登って来た道を下山しよう。

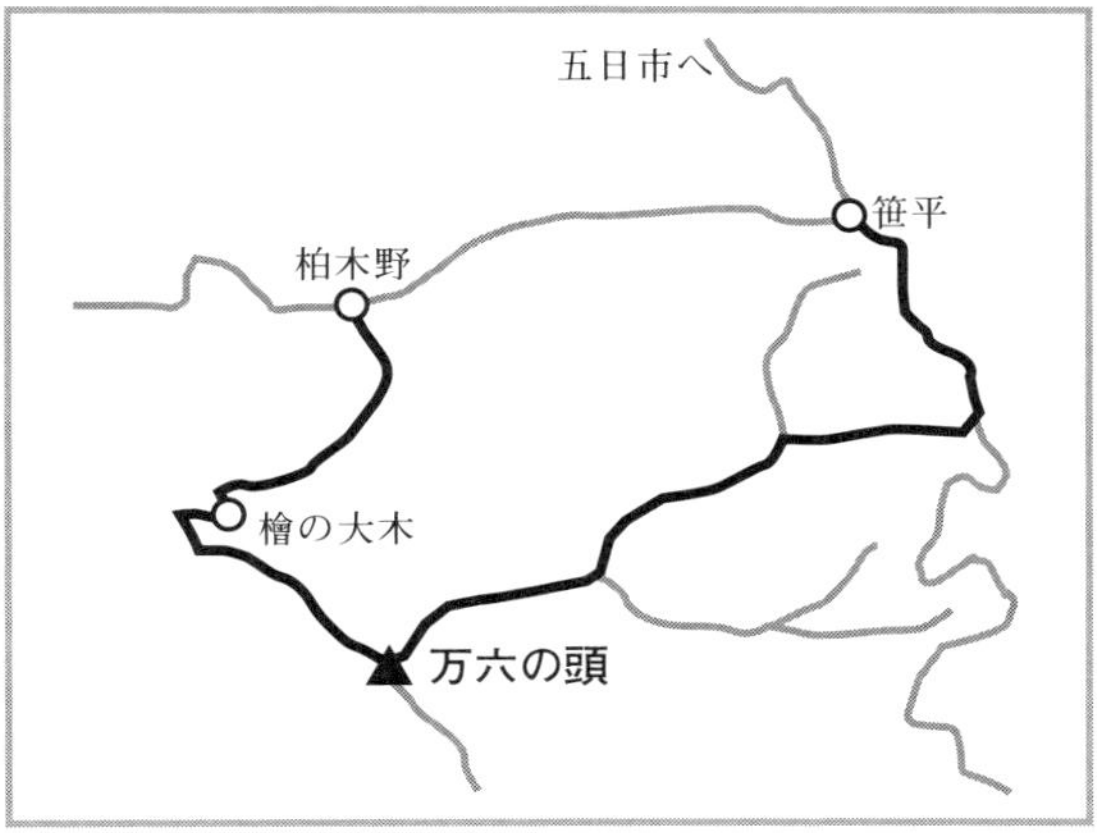

この東尾根は、小坂志沢林道の山の神橋の脇に降り立ち、ここにも小さな祠がある。ここから小坂志沢林道を歩いて、笹平のバス停へ向かう。

林道から見渡す小坂志川の流れはサラサラとしていて、水飛沫一つ上げずに流れている。なんといっても水の透明度がすばらしい。

そして、この川を覆うように木々が枝を伸ばして、マイナスイオンを高めている。距離を長いと感じさせない歩きでバス停に着くだろう。

バス停も渓谷の中で、バスに乗るまで小坂志川が見送ってくれる。

時間があったら、五日市特産物直売所に立ち寄って行こう。四季折々の旬な山の幸がところ狭しと並んでいる。地元の方に料理法を教えていただきながら選ぶのも楽しい。見慣れぬ食材にもチャレンジしてみようではないか。

山の幸は、香りの強いものや個性的なものが多いので、帰ってからの酒の肴にぴったりである。

万六の頭へは緑いっぱいの自然林帯の山道を登っていく

静かな頂、玄人好みの山

トヤド浅間《せんげん》

831ｍ　ＪＲ五日市線から　★

笹尾根は、三頭山から南東に続く尾根で、全体的に明るくて気持ちのよい頂と道が続いている。奥多摩の豊かな自然を象徴する尾根で、秋から冬枯れにかけての時期や、草花がつぎつぎと咲きほころぶ新緑のころは、私たちに自然とともにある喜びを惜しみなく与えてくれる。そんな笹尾根の中にあるトヤド浅間に足を向けてみよう。

ＪＲ武蔵五日市駅で下車をする。駅前より数馬行きのバスに乗って、上川乗バス停で下車をする。南秋川橋を渡って車道を進むと、左手に登山口が現れる。浅間峠へ至る指導標に従って登り始める。しっかりとした登りやすい道だが、登り出しはゆっくりと進もう。登山道はやがて、左手斜面を横切るように登りつめて高度を上げて行く。この左手の斜面を乗越す地点がポイントなので注意しておきたい。

新緑のころのこのあたりは、新芽がいっせいに芽吹いてことのほか美しく、

●コースデータ●

武蔵五日市駅＝バス＝上川乗バス停…60分…自然環境保全域の看板…50分…トヤド浅間…60分…下川乗バス停

立ち寄り湯：瀬音の湯
立ち寄りどころ：五日市特産物直売所
美味いもの：秋川の鮎、鱒

まるで自分が青虫にでもなったかのような一体感を得られるだろう。左手の斜面の上に出て乗越す地点には、自然環境保全域の看板が立っている。登山口から登り始めて六〇分、休むのにはちょうどよいスペースがある。

ここから、尾根上を登ってきた道を戻るような形でトヤド浅間へ向かおう。尾根上には踏み跡があり、迷うところはない。もったいないが、いったん鞍部まで下って、登り返すことになる。おわんを伏せたような形の山を登り切ると、そこはトヤド浅間の山頂だ。八三一メートルの山頂からは松生山が見える。

山頂は小広く、グループでもゆっくりできる場所がある。古い道標に山名標示があり、三角点もあるのだが、ひっそりとしている。訪れる人を待っていたという言葉がぴったりの山頂だ。

帰りはトヤド浅間の北東尾根を下る。こちらは、踏み跡をはずさぬようにゆっくり下りたい。六〇分ほどで下川乗集落へ降り立つことができる。

六月の初めのころだと、ワラビが山のように摘める道だ。下川乗の集落から再び南秋川を渡り、車道へ出て左へ向かうと下川乗

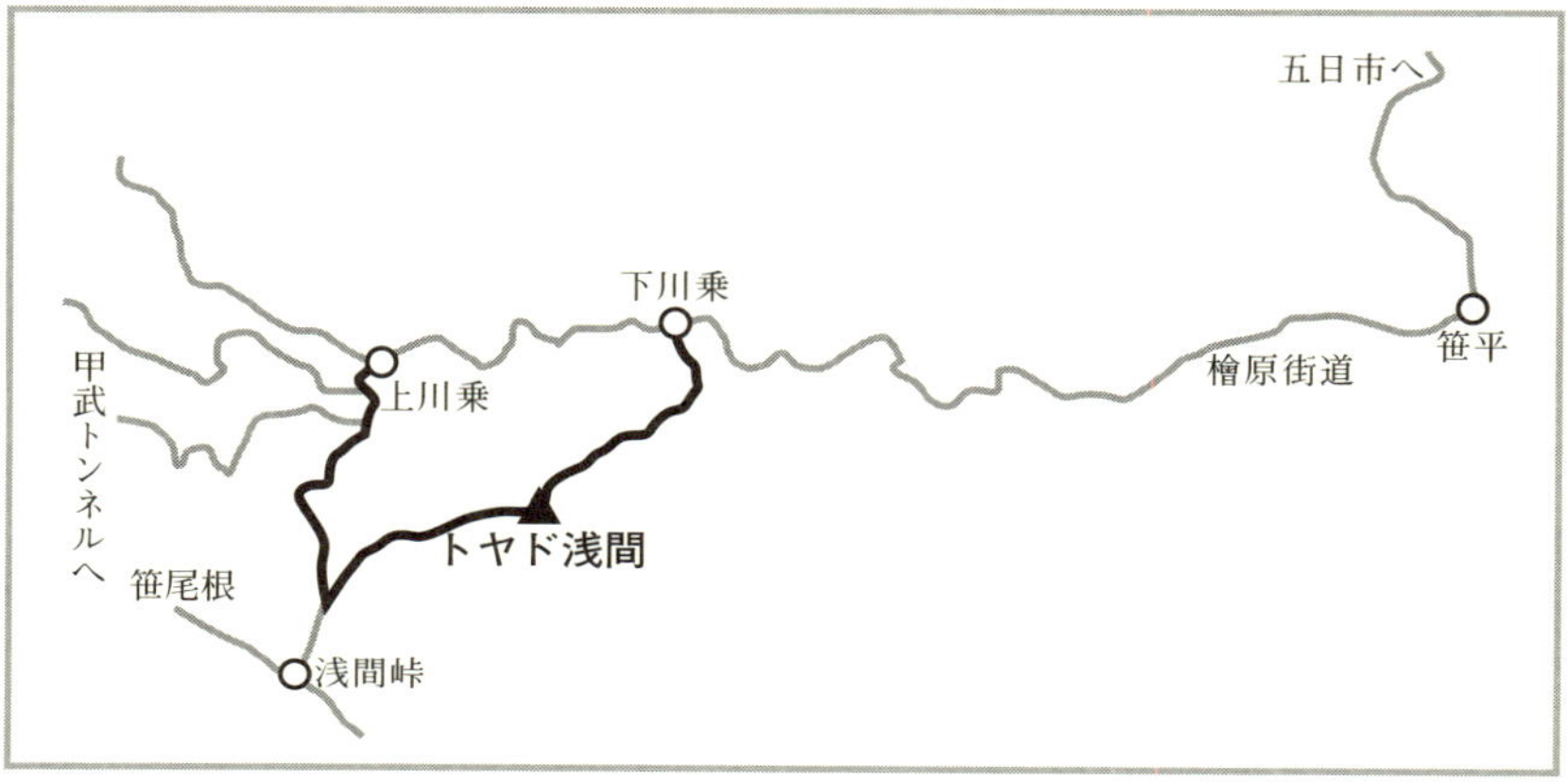

バス停である。行きと帰りで南秋川を渡るが、季節によっては渓流釣りを楽しまれている方を見かける。

秋川といえば鮎や鱒釣りで有名だが、最近はスーパーなどにも鮮度のよいものが並んでいる。夏の到来を告げるこれらの川魚は塩焼で食べるのが美味しいが、煮て食べるのもおすすめだ。武蔵五日市駅の改札口前のおみやげ屋さんにもできばえのよい鮎や鱒の甘露煮を売っていて、それは骨まで食べられる。これはこれで美味しいが、自家製に挑戦してみるのも面白い。

戻し昆布またはすだれを鍋底に敷いて、その上に腹ワタを抜いた川魚を並べて煮ればよい。臭み消しに生姜、山椒や長葱などを加えればなおよい。また、塩焼にしても、鮎を腹開きにして、鯵の干物の要領で天日干しにする。半日から一日干してから焼こう。鮎の干物に塩や正油などはいらない。川魚の旨味が凝縮されていて、頭から食べられる。もちろん、酒の肴にもいうことなし。里山料理はなんとも贅沢だと感じる南秋川の山旅である。

古い道標と小さな山名表示が静かに待っているトヤド浅間の山頂

浅間尾根の最高点に向かう

入沢山《いりさわやま》

936m　JR五日市線から　★★

この尾根は、上川乗から浅間尾根へ登り、時坂峠を経て本宿に至る約八キロで、檜原村の中央を通る。比較的ゆるやかな尾根道は中甲州道とも呼ばれ、古くから重要な交通路となっていた。

江戸時代のころは、馬で木炭などの生産物を運び出し、日用品を運び入れていた。往時の荷継ぎ場だった瀬戸沢の一軒屋など、かつての名残りも数多くあり、穏やかな尾根道を愛するファンも多い。その尾根の中において最高点といわれる入沢山へ登ってみよう。

JR武蔵五日市駅で下車をして払沢の滝入口行きバスに乗り、終点で下車する。払沢の滝は日本の滝百選にも選ばれている。時間があれば立ち寄って見るのもよいだろう。

時坂峠への道標の指示に従って車道を登って行くと山道へ入り、時坂の集落を抜ける。祠のある時坂峠は集落の上部にあり、休むのにはちょうど区切

●コースデータ●

武蔵五日市駅＝バス＝払沢の滝入口バス停…90分…峠の茶屋…50分…松生峠…15分…松生山…15分…入沢山…30分…浅間嶺…40分…峠の茶屋…80分…払沢の滝入口バス停

立ち寄り湯：瀬音の湯
立ち寄りどころ：秋川養魚センター
美味いもの：峠の茶屋の手打ちうどん

りがよい。

ここから車道を歩いて峠の茶屋へ向かう。手打ちうどんが食べられるほか、御前山の展望もよく、美味しい山の水も水筒に入れさせてくれる気持ちのよい店だ。

峠の茶屋を出発して軽く下り、セト沢を小さな橋で渡る。渡ってすぐの左手の山道へ入る。ここには道標がないので気をつけよう。この山道が松生峠へ至る道だ。ときおり赤布が目印として巻き付けてあり、道はしっかりしているので心配はない。

山の斜面から尾根にからむ道となり、松生峠へ出る。標示がある峠から西へ縦走を開始する。

松生峠から笹道をひと登りで松生山。この先のピークが入沢山となる。

入沢山には山頂を指す看板はあるが、三角点がないのが気がかりである。

入沢山からゆるやかに下りながら進むと浅間嶺の展望広場に着く。東屋やトイレ、ベンチなどの施設があってゆっくり休むことができるので、浅間嶺まで往復してくるとよいだろう。

浅間嶺からは、御前山や大岳山への展望がすばらしく、腰を上げるのに時間がかかってしまう。

広場のトイレ脇からの小道を入ると、富士浅間神社の置かれている地図上九〇三メートルの頂上へ一五分ほどで往復できる。

東屋の壁にかかっている案内板には九三六メートル峰のポイントが記してあるが、そこが入沢山とは記されていない。

しかし、歩いて来た道を追うと、その九三六メートル峰は入沢山である可能性が高いので、入沢山が浅間尾根の最高点と判断し、下山を始める。

セト沢へ向かって、かつて馬も降りた道を下る。一時は廃屋になっていたセト沢の荷継ぎの一軒屋は、今は再建を果たし、茶店として再スタートしている。

春には草花の美しいところなので、ぜひとも立ち寄りたい。

この先でセト沢を小さな木橋で渡り、峠の茶屋に戻る。馬頭観音も並ぶ浅間尾根は、まだ馬が荷運びの主役だったころを思い起こさせる山旅である。

松生峠の表示板を見て往時の街道に思いを馳せる

梅の里へ向かう大人の遠足

通《とお》り屋《やお》尾《ね》根

457m　JR五日市線から　★★

JR五日市線の各駅からとJR青梅線の各駅を結ぶ横断ルートはいくつかあるが、どれも起伏に富んだコースで、歩きがいがある。その中にあって最も穏かな山旅を味わえるのは、岩井から通り屋尾根を歩いて梅郷へ降りる最短コースなのだが、意外に知られていない。岩井から放った弓矢が平井川を飛び越えて小机まで飛んだとのいい伝えから名付けられた通り屋尾根を歩いてみよう。

武蔵五日市駅で下車し、駅前を左に進んで幸神方面へと歩く。アーチ橋の五日市線をくぐり、小机を経て登って下ると幸神の信号が見える。右手に大久野中学校を見てY字交差点を左へ入ると、平井川を渡って岩井集落である。

平井川に沿って走る道の右側を歩くと、大多摩ウォーキングトレイルの緑色の指導標がある。

●コースデータ●

武蔵五日市駅…50分…岩井集落…5分…間坂峠…90分…林道…5分…鉄塔下…20分…三室山…60分…日向和田駅

立ち寄り湯：かんぽの宿青梅
立ち寄りどころ：JA青梅
美味いもの：梅、梅干

間坂峠への指示に導かれて林道へ入る。平井川沿いの岩井と大久野川沿いの北原を結んだ古い峠道である。

峠の頂上が通り屋尾根を越えているので、ここから三室山を目指して尾根道へ入る。

平井川と大久野川に挟まれた通り屋尾根は、踏み跡もはっきりしているが、道標がないので、尾根をはずさぬようにしっかりとトレースして行こう。

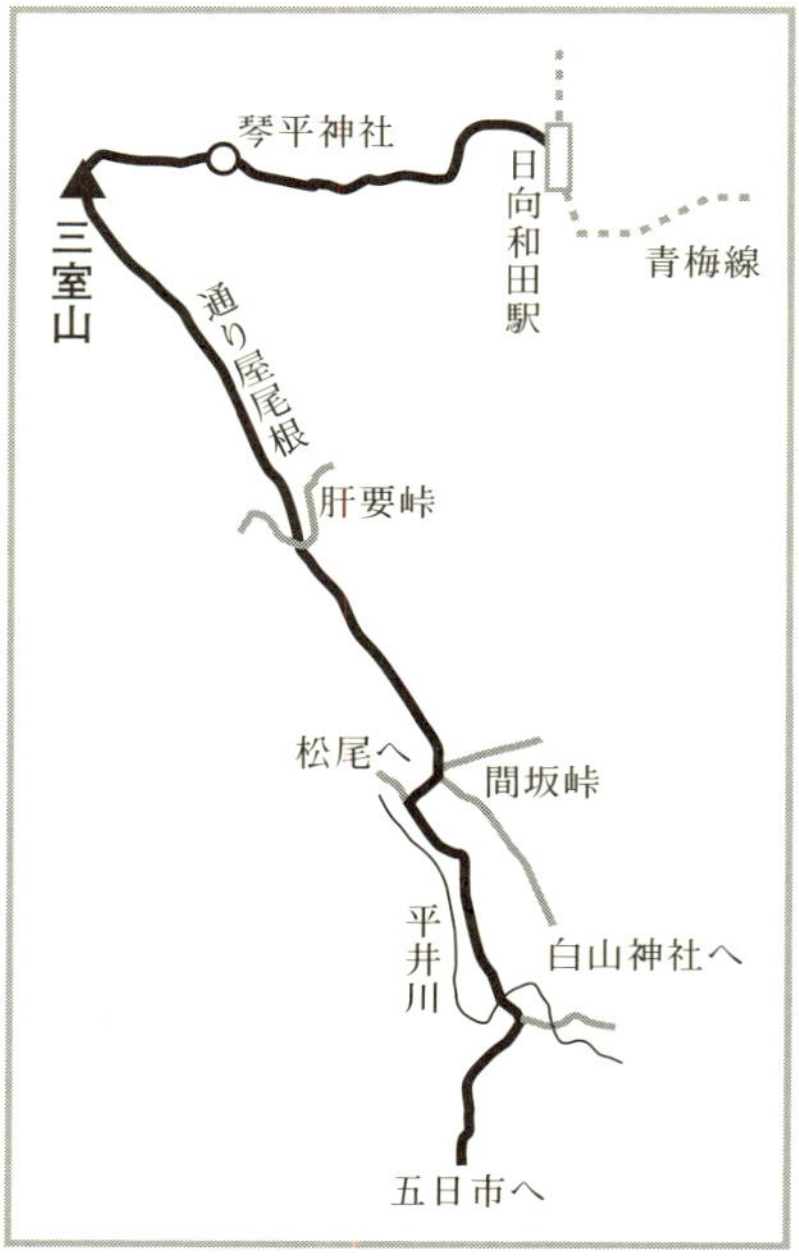

林道を越えるところは、昔、肝要峠のあったところだが、展望がよいので休むのにはよいところだ。

林道を越えたところからひと登りで鉄塔の下に出る。ここはススキの原となっており、お昼にするにはとてもいい。鉄塔下から通り屋尾根の終点、三室山へは二〇分ほどだ。

三室山には展望はないが、三角点があって、通り屋尾根を歩き通した感動がこみ上げてくる。

下りは琴平神社を経由して梅郷、日向和田駅へと降りよう。雨が降った後は滑りやすそうな道なので、少し気をつけて下ろう。琴平神社付近からは明るくて展望がよい。ここからひと下りで梅郷ゴルフ場の脇を下るようになるが、この付近も滑りやすい道なのでゆっくりと進みたい。ゴルフ場の脇を通れば、梅郷公園はすぐそこだ。

梅の花の咲くころはおおぜいの観光客でにぎわう公園も、それ以外の季節はひっそりとしている。帰りの身仕度を整えるのによいので立ち寄って行こう。梅郷公園からは吉野街道へ出て、梅郷四丁目の信号を右へ曲がれば日向和田駅だ。

フィナーレの前に、梅郷四丁目の信号を右へ曲ったところにあるJA青梅に立ち寄ってみよう。朝摘みされた地の野菜や漬け物、加工品などがところ狭しと並んでいる。山行の祝盃を上げたくなるような肴がいっぱいだ。梅にまつわる加工品も品数多く、特に梅干はおすすめだ。

一人で行っても仲間で行っても、今日の道程に満足しない人はいないだろう。それだけ充足感が得られる山なのである。

通り屋尾根縦走の起点となる間坂峠の入口に立つ指導標

景勝、白岩の滝の源頭山へ

白岩山《しらいわやま》

631m　JR五日市線から　★★

五日市の西、秋川の玄関にあたる山の周囲には、大小さまざまな滝が一年を通して流れている。その中でも、貴婦人と称されて名高い白岩の滝と、その源頭の山である白岩山を訪ね、里山と滝の共演を堪能しよう。

JR五日市線武蔵五日市駅で下車する。駅前から松尾行きのバスに乗り、白岩の滝入口バス停で降りる。近くの道標に従って白岩の滝へと車道を入る。白岩の滝への道は遊歩道として整備されており、入口にはトイレなどの設備もあるのでうれしい。入口から白岩の滝まで、三〇分ほどの道のりだ。

白岩の滝では、二段からなる連瀑を真近に見ることができ、夏はその水飛沫も虹色に輝く。それは、まさに七色の衣をまとった貴婦人のようだ。この上で日の出山方面の道標を見て、金比羅尾根を目指すことになる。道はしっかりしており、とても登りやすく明るい。金比羅尾根に出たところで小休止をする。

この尾根のすぐ左の尾根を登り切ると麻生山の山頂だ。植林の中で、三角点

●コースデータ●

武蔵五日市駅＝バス＝白岩の滝入口バス停…30分…白岩の滝…60分…麻生山…35分…白岩山…100分…金比羅山…45分…武蔵五日市駅

立ち寄り湯：瀬音の湯
立ち寄りどころ：白岩の滝
美味いもの：鮎寿司

も眺望もないが、立派な山名標示が誇らしげにある。尾根に上がったところから一〇分ほどなので、やはり山頂で休みたい。

来た道を戻って、金比羅尾根を五日市方面へ下り出す。雨の翌日だったら滑りやすくなりそうな粘土質の道を集中して進む。すると、左手に日鉄鉱業のフェンスが現れる。この少し先で尾根は二つに分かれる。そこが深沢の北尾根の分岐だ。深沢集落へとマジックで書かれたボードがフェンスに下がっている。このフェンスに沿って、深沢方面への尾根へ入る。尾根をはずさぬようにひと歩きすると白岩山の山頂だ。三角点と山名標示があるが、フェンスに囲まれていて残念である。

この先、地図上に高原神社肝要方面へ向かう道の破線が記載されていたので下ったことがあったが、廃道となっていた。道はないと思ったほうがよい。なので、白岩山から元の金比羅尾根に戻って、五日市へ降りるとしよう。

金比羅尾根はところどころで展望に恵まれていて、大岳山方面や五日市方面の見通しがよく、気分を明るくさせてくれる。

尾根の名の由緒ともなった金比羅山（四六八メートル）が近づ

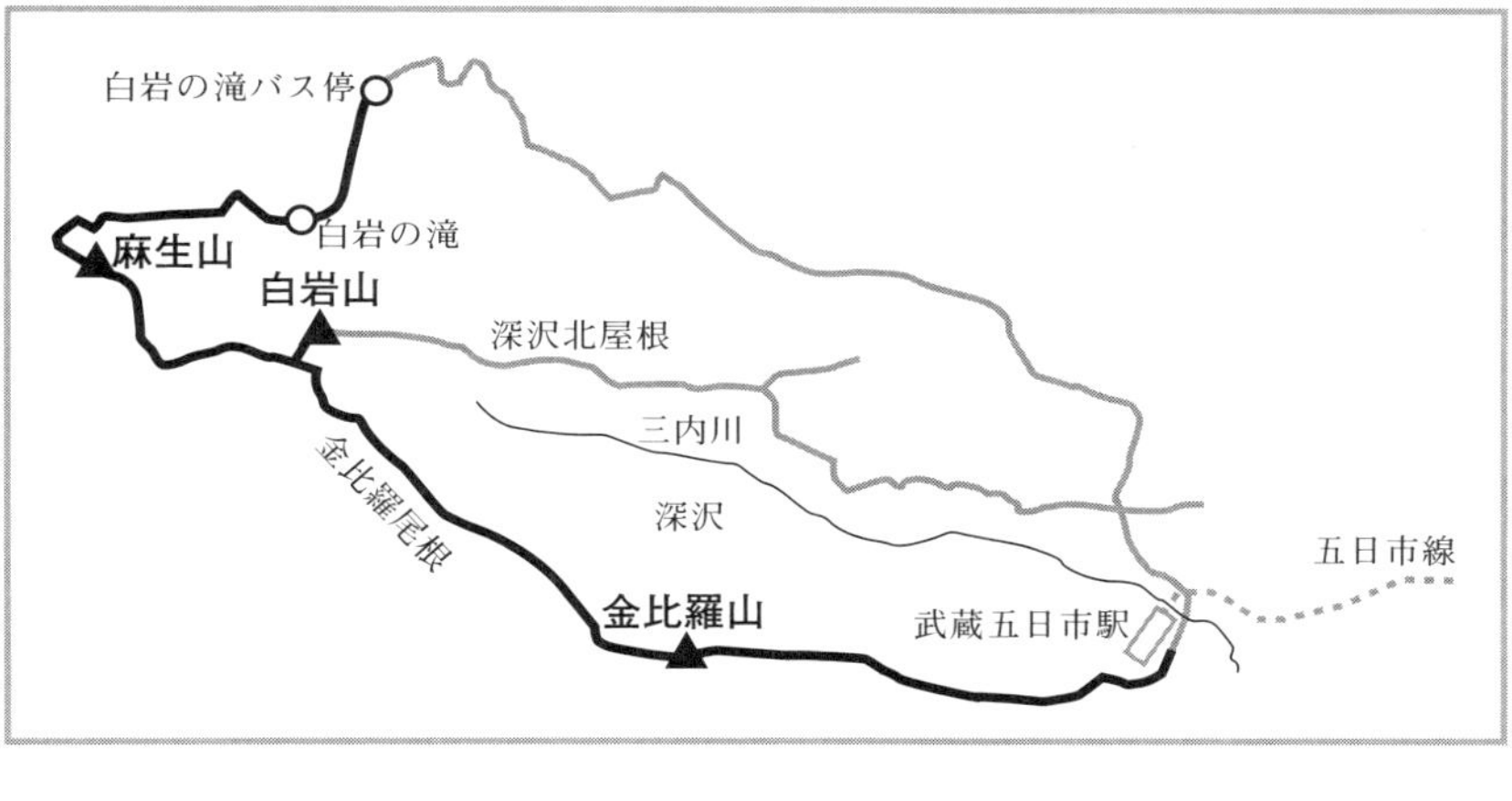

いてくる。公園風に整備された金比羅山にはトイレなどの施設やベンチもあって、市民の憩いの場として愛されている。特にツツジの咲くころはすばらしく、多くの人々でにぎわう。長かった下り道に疲れを感じていたら、ここでゆっくり休むとしよう。ここからはほんのひと下りで車道に出てしまい、山道ともお別れだ。役場の近くを通って、広い校庭を持つ学校の脇を歩けば、五日市街道に出る信号が見えてくる。武蔵五日市駅はすぐそこだ。

もし、ここで小腹が空いていたら、寿司屋に入ってみてはどうだろうか。目的は秋川名産の鮎を使った鮎寿司だ。鮎は川の石に付くコケを食べるが、秋川はそのコケの付きがとてもよいという。だから秋川の鮎は美味しいのだ。山、滝、里、食の四拍子そろった大満足の旅である。

冬場は氷結していっそう美しい姿を見せる白岩の滝

御岳の魅力を再認識する鉄五郎新道

広《ひろ》沢《さわ》山《やま》

848m　JR青梅線から　★★★

奥多摩の名山である御岳山へはケーブルカーが走っており、年間を通じて多くの人々が足を運ぶ。高尾山の次は御岳山といわれるほどの人気があり、見どころや茶店なども多く、御岳ビジターセンターでは豊かな御岳の自然を紹介し、好評を得ている。そのため、御岳へ通じる山道は整備が進んで、歩きやすくなったといえる。

そのような御岳山周辺の山道だが、一つだけ山岳ガイドブックの地図に載っていない山道がある。それが鉄五郎新道だ。寸庭集落から登り始め、寸庭川の清流を望んで越沢バットレスの上にある金比羅神社を経て広沢山へ登り、大塚山、御岳山へと続く、静かで自然の美しい道である。

大塚山というと丹三郎道からが一般的なので、それに隠れた裏道といえ、実際に知っている人は少ない。今回は、この鉄五郎新道を登って広沢山、大塚山、御岳山へと向かい、御岳の魅力を再認識する山旅へ出かけよう。

●コースデータ●

古里駅…20分…寸庭集落…10分…鉄五郎新道入口…35分…金比羅神社…60分…広沢山…15分…大塚山…25分…御岳山…100分…古里駅

立ち寄り湯：松乃湯温泉
立ち寄りどころ：御岳ビジターセンター
美味いもの：御岳山の茶店の山菜そば

ＪＲ青梅線の古里駅で下車をする。駅前の青梅街道へ出て、右へ進んで寸庭集落へ向かう。バスだと清見ヶ丘バス停下車だが、休日のバスは一日二本と少ないので、歩いたほうが早い。歩いても二〇分ほどなので、足ならしと思えば苦ではないだろう。

多摩川が削り取った河岸段丘の上に、寸庭集落が左手に見えてくる。街道から側道を下って寸庭橋を渡ると指導標がある。右へ折れて進み、次の二股を左へ行くと大塚山への道標がある。ここが鉄五郎新道の入口だ。寸庭川の清流を小さな橋で渡り、二股を右へ入る。ここにも消えかけた道標がある。越沢の水の音を聞きながらひと登りすると、右手よりバットレスキャンプ場からの道と合流する。すると、すぐ先は金比羅神社だ。越沢バットレスの岩場の頂上にあたるところで、区切りもよく休むのによい。この先、広沢山までは急な登りが続くので、水分補給もしておきたい。

道はしっかりしているが、下りに使うにはやや滑りやすいので注意しよう。この尾根の急な道を登り切ると、そこが広沢山である。大塚山の肩にあたるところで、残念ながら三角点はないが、小さな山名標示がある。

この先は登りもゆるやかになり、山腹を巻くトラバース道となる。夏季は少しヤブがうるさいところだが、長くは続かない。ここを切り抜ければ丹三郎道の一般登山道と合流する。合流したら大塚山の山頂はすぐそこだ。

大塚山の山頂は広く、ベンチや机も設置されている。ケーブルカーを使って御岳山から歩いてきた大勢の人たちが、思い思いにお弁当を広げて楽しんでいる姿がほほえましい。

疲れていたら、ここから丹三郎道を使って古里駅へ降りよう。丹三郎道は滑りやすい赤土なので、ゆっくり降りるようにしたい。大塚山から御岳山へは、道標に従って尾根道を進み三〇分弱である。

寸庭から金比羅神社への山腹を巻く道は、越沢の流れとともに歩くマイナスイオンに満ちあふれているところだ。なぜこの道が地図に掲載されていないのか不思議に思う。一年を通して御岳のすばらしさが認識できる、文句のつけようがない山道なのだから。

御岳ビジターセンターでは登山情報なども入手できる

新緑のすばらしき低山縦走

赤《あか》ぼっこ

409m　JR青梅線から

★★

青梅市と日の出町、あきる野市にまたがる丘陵地帯に整備されているハイキングコースは何本もあってそれぞれ特色があるが、これらの峠を経由した一本の尾根道を縦走するコースはほとんど紹介されていない。JR青梅線の日向和田駅から五日市線の秋川駅に降り立つ、スケールの大きな縦走を試してみてほしい。また、峠にまつわるいくつかの伝説をたどってみるのもおもしろい。

日向和田駅で下車して歩き出す。駅前の信号を渡り、神代橋を渡って進むと、突きあたりが梅郷四丁目の信号。ここを左へ曲がって進むと軽く下って梅ヶ谷峠入口の信号があり、これを右へ入ったところに指導標がある。馬引沢峠方面の指示で車道を少し登る。このまま進むと車道も行き止まりで、そこから山道が始まる。山道の最初だけは草がうるさいが、植林帯の中へ入るとすぐに歩きやすくなる。ひと登りで宅地造成地の上に出る。ここからもう少し尾根を登ると主脈の尾根に上がる。ここから要害山（四一四メートル）までは一〇分ほど

●コースデータ●

日向和田駅…80分…要害山…20分…赤ぼっこ…20分…馬引沢峠…20分…二ッ塚峠…90分…満地峠…10分…上菅生バス停＝バス＝秋川駅

立ち寄り湯：つるつる温泉
立ち寄りどころ：馬引沢峠、二ッ塚
美味いもの：つくし

だ。山名標があり、山頂は静かで、休むのにはよい。

ここから、満地峠までの道のりが始まる。いくつかの起伏を越えて、赤ぼっこ、天狗岩への分岐に立つ。天狗岩からは青梅市街の眺望がすばらしい。赤ぼっこの山頂も明るくて、遠い見晴らしがあり、休むのにはとてもよいところだ。ここから先はなだらかな起伏が続いて馬引沢峠に着く。ここは古い峠で伝説が残る。

「昔、雨の日、侍が人夫を連れ荷車で峠を越えようとしたが、悪路に足を取られたので、好天を待って出直そうと穴を掘り、積み荷の金銀を埋めた。しかし、荷をめぐって殺し合いとなり、一人残った侍も何年か後に掘りに来たが、山中に迷い、狂い死した」

これが馬引沢峠の名の由縁でもある。林道も上がってきている大きな峠なので、休んでから出発しよう。山腹を巻くようななだらかな山道を進み、やがて赤土の滑りやすい道となって二ッ塚峠である。この峠にもいわくありげな伝説がある。

「昔、麓の村に貧しい母と娘が暮らしていたが、重病の母はその苦痛のあまり、生きながら土中に埋められることを望んだ。娘も母と一緒に埋めてほしいと村人たちに頼み、二人を埋めた村人た

ちはそこを二ッ塚と呼んで後々まで供養した」

現在も二つの塚は残されており、草花が供養のために供えられている。ここからいったん下って秋川街道を渡り、再び尾根上へ登り返す。なだらかな起伏でいくつもの山並を越えて尾根道を進むと、機動隊の施設の近くを通る。ここが標高二、三〇〇メートルとは思えない深山を感じさせる山上で、新緑のころの芽吹きはすばらしい。

公園風に整備された施設を過ぎると満地峠も近い。ラストのピークを登ってから下ると、ひょっこりと満地峠に出る。ここから右手へ下ると上菅生バス停があり、秋川駅へ出ることができる。

この上菅生バス停前の広場は、春にはつくしがたくさん芽を出すところだ。摘んだものは、つくしごはんにすると特に美味い。つくしはアクが少ないので、下ゆでしなくてもよい。バター炒めでも、美味しくいただける。

見どころも多く、変化があり飽きさせない縦走コースだ。きっと、また足を運ばずにはいられなくなるだろう。

たおやかな尾根の中間に位置する赤ぼっこの山頂

青梅から登る柚の里山

大仁田山《おおにたやま》

505m　JR青梅線から

★

今回は東京の「柚の里」へ向かうとしよう。

JR青梅線青梅駅で下車をする。駅前より上成木行きのバスに乗り高土戸で下車する。バス停の少し先が上成木神社の入口で、ここから入る。コンクリート敷きの坂道を登って行くと左手には柚畑があり、年明けの時期だと実がたくさん落下しているので、集落全体が柚の香りに包まれている。ビニール袋に入れられた柚が、農家の軒先で安く売られている。

神社の鳥居をくぐらず、そのままコンクリート敷きの道を沢沿いに進み、古い丸太橋を渡って右手の斜面を登ると竹林がある。

ここを過ぎると水口峠も近い。

水口峠には祠がある。注連縄が張ってあり、御幣も下がっている。昔から大切にされてきた神聖さがうかがえる峠だ。

ここには道標があり、小沢峠方面へ進む。

●コースデータ●

東京側ルート：青梅駅＝バス＝高土戸バス停…30分…水口峠…10分…鉄塔下…30分…大仁田山…50分…久方峠…20分…高土戸バス停

埼玉側ルート：西武線飯能駅＝バス＝赤沢バス停…50分…大仁田山…10分…細田…60分…唐竹バス停

立ち寄り湯：かんぽの宿青梅

立ち寄りどころ：青梅鉄道公園

美味いもの：柚

すると鉄塔下に出る。高水山や飯能の山並が見渡せる。

この少し先で木々の間から大仁田山が見え、方向を読むことができる。

いったん細田方向へ向かい、少し戻ったところが大仁田山の山頂だ。

落葉をサクサクと踏みながら軽快に小沢峠方面へと向かう。

植林帯の薄暗い鞍部に久方峠はある。

これを左手に下ると沢と平行し、やがて林道に出る。出発点の高土戸のバス停は、車道に出たすぐ先だ。

大仁田山は若干わかりづらい山である。それは、山容が東京都と埼玉県とにまたがっているからだ。

山頂は埼玉側にあるので、東京側の道ではなく埼玉側の道もここで紹介しておこう。

こちらのほうは一本道で、とてもわかりやすい。

西武線飯能駅からバスに乗り、赤沢バス停で下車する。

車道を歩いて、少し先のバス折り返し場の脇から名栗川の川原へ降り、木橋で名栗川を渡るとそのまま山道へと入る。

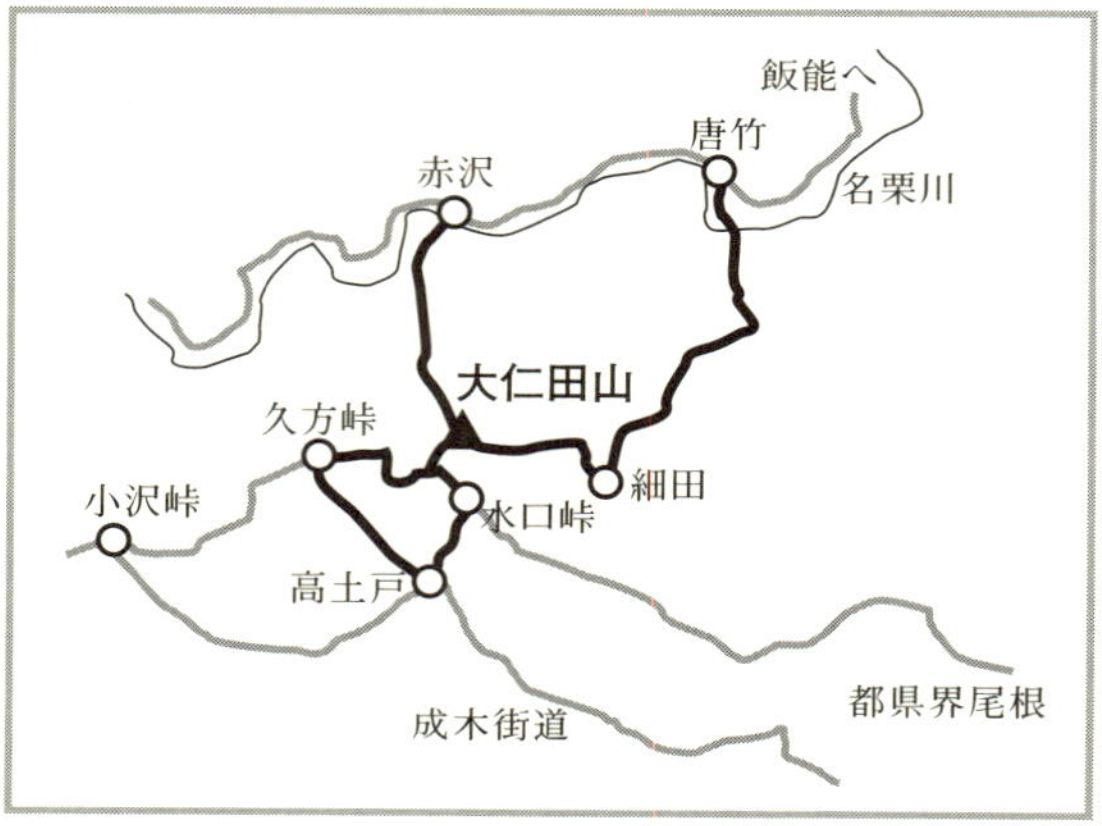

植林の中を登り、やがてちょっと丈の高い笹尾根を通過する。道はしっかりしていて荒れてはいない。

道はこのまま植林帯の中を通って、展望のない大仁田山の山頂に着く。まさに一本道だ。

一息ついてから細田集落へ向かう。ひと下りで細田集落の裏手に着く。

南に面した明るい傾斜地にある細田集落の草地に座り込む。日光にさらされた土のにおいをかぐと、身も心もリフレッシュするだろう。ここはみかん栽培の北限地といわれている。

ここから五分ほどの石地蔵を経て、唐竹方面へ向かう。四十八曲を過ぎてひと下りすると唐竹の町が見えてくる。

住宅街に出て水明橋を渡ると唐竹バス停は正面だ。

バスが来るまでにもう一度、里山の柚の香りを思い出すことができる。楽しくリフレッシュできる日向ぼっこ山行だ。

植林帯の中だが小広いスペースがある大仁田山の山頂

高水三山の四山目？に登る

永《なが》栗《くり》の峰《みね》

633m　JR青梅線から　★

JR青梅線の軍畑駅で下車する。

休日ともなれば多くのハイカーでにぎわうこの駅で下車する人の大半は、高水三山へ登るのが目的だろう。奥多摩の入門コースとして、老若男女問わず、自然と憩いを求めて訪れる名山だ。

今回は、この名山の近くにありながらあまり目立たない永栗の峰にスポットをあててみたいと思う。

現在、地図にはその名前すら載っていないので、ベテランの方は昔を思い出していただき、知らなかった方はここでぜひ覚えていただきたいと願う静かな山である。

軍畑駅から左へ向かう。軍畑の踏切りで青梅線を渡って、平溝川と平行する形で榎峠を目指す。しばらくは車道歩きで、左手に高水三山への入口の道標を見送る。

●コースデータ●

軍畑駅…50分…白岩上之橋…20分…高水三山分岐…15分…なちゃぎり林道…10分…永栗の峰…40分…高水山…70分…軍畑駅

立ち寄り湯：松乃湯温泉
立ち寄りどころ：櫛かんざし美術館
美味いもの：ふきのとう

道は大きくカーブして峠が近くなる。そして、峠の直下で青梅丘稜雷電山方面への入口を過ぎると榎峠も近い。峠を越えると車道は下りになって白岩集落へと入って行く。峠を越えて最初の橋、白岩上之橋に高水三山への指導標が立っている。今回はここから登り始める。

コンクリート敷きの道を登り始めると、上から元気な犬のごあいさつだ、そうかと思うと、下の家の縁側では猫が日向ぼっこをしている。そんなのんびりとした数軒の集落に見送られての出発だ。コンクリート敷きの道から山道へ入り、ひと登りで成木七丁目方面と高水三山へ向かう道の分岐に立つ。ここは支尾根上で、ひと休みするのにはよく、東側に展望がある。ここから高水三山の道標に従い登り始めるとする。

ここもひと登りで林道に出てしまう。なちゃぎり林道というが、林道へ出て左へ向かうとすぐの右手の山腹に、尾根に向かって山道が伸びている。これが永栗の峰へと通じる道なのだが、ここには道標がない。

山の斜面を横切るような植林帯の道を登れば永栗の峰の山頂だ。

三角点も展望もなくひっそりとしているが、立派な手彫りの山名標示が下がっていて、なん

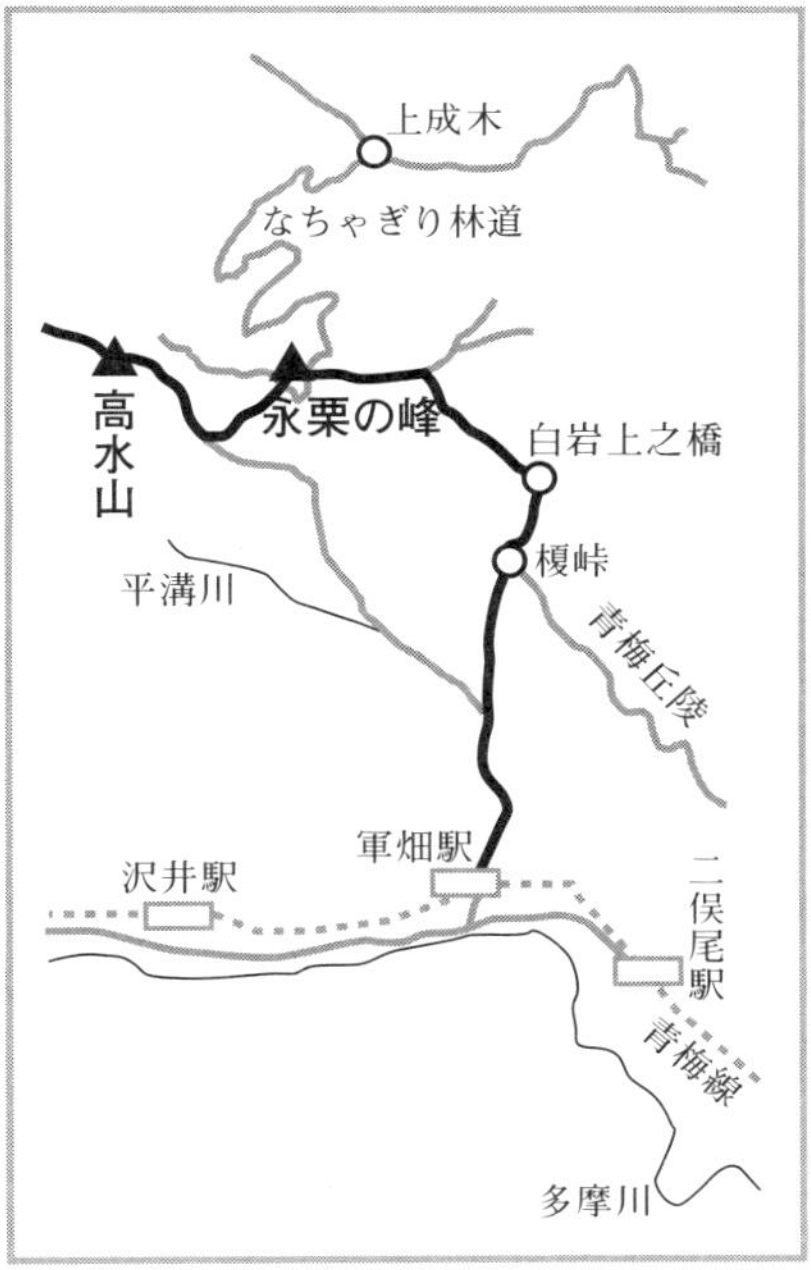

とも誇らしげである。

少しではあるが、木々の間から高水山や小曽木の山々が見える。

山頂からは同じ道を戻って林道へ降り立ち、高水山へ向かおう。

尾根をひと登りすると一般登山道と合流する。高水山頂下の常福院はすぐそこである。

春先にここを訪れたときは、春の使者ともいうべきふきのとうを摘んだことがあった。

よく洗ってから水切りし、みじん切りにして油で炒め、みそを入れて砂糖で調整してふきのとうみそを作った。ごはんの上にのせたり、おにぎりに入れたりして、その独特の芳香と苦味を楽しんだ。みじん切りにする前に軽く湯通しすると少し苦味が薄くなるので、好みに合わせて作ってみてはどうだろうか。

春の香りを楽しみ、味わうことができる静かな山である。

永栗の峰の起点となる青梅線の軍畑駅。休日にはおおぜいのハイカーでにぎわう

静かな山頂が旅人を待ちうける

ズマド北峰《ほくほう》721m　南峰《なんぽう》690m

JR青梅線から　★★

　JR青梅線は、東青梅駅から終点奥多摩駅まで単線区間となり、山岳路線の風景となる。ズマド山は古里駅の裏山で、川井の大カーブを列車が抜けるころその姿を現す。古里駅は、無人駅ながら上下線ですれ違いのできる山麓の駅で、駅前にはコンビニがあって、トイレや水場も近く便利だ。泊ってみたくなるような駅舎を後に出発する。

　いったん青梅街道に出て、右へ街道沿いを歩くと川乗山、赤久奈山へ向かう道標があるので、これに従い右へ曲がる。青梅線を橋で渡り、山へと向かって行くゆるやかな坂道を登る。ズマド山だけではもの足りないので、赤久奈山まで足を伸ばし、その下山路でズマド山へ向かうといいだろう。

　山の斜面を横切るように登っていくと、やがて山腹を巻く道となる。赤久奈山の砕石場の山肌が痛々しく見えるところだ。この巻き道を抜けると赤久奈尾根上に出る。主尾根に上がると急に風の通りがよくなるので、体温調節

●コースデータ●

古里駅…10分…登山口…50分…赤久奈尾根上…45分…赤久奈山…30分…川井分岐…15分…ズマド北峰…15分…ズマド南峰…50分…古里中学校横…30分…川井駅

立ち寄り湯：松乃湯温泉
立ち寄りどころ：数馬の切り通し
美味いもの：わさび漬け

を怠らないようにしよう。山道は赤久奈山の山頂直下を通ってしまうので、山頂を目指すためには山道をはずれて尾根伝いに登っていく。枯れ葉が厚く積もった尾根上をガサゴソと登ると、赤久奈山の山頂に着く。

ここから元の道へ戻ってズマド山を目指そう。山道が尾根をはずれて、古里駅へ下ってしまうところまで降りる。ここから尾根を最後まで追わないと古里駅へ向かってしまう。ここを仮に川井分岐と名付けよう。川井分岐から続けて尾根を登り、一五分ほどでズマド北峰に着く。小広くて、休むにはよいところだ。ここから赤テープの指示に従って南下する。

いったん下って登り返した植林の中にズマド南峰がある。南峰には三等三角点があり、その測量杭にズマド山とマジックで記してある。ひっそりとした静かな山頂だ。冬の冷たい風でも、気持ちよくすがすがしく感じられて、温かいものをゆっくり飲みたくなる。

元の道を降りてもよいが、このままズマド南峰より南下して下ってみよう。山頂から尾根上の道は少々薄いが、要所に赤テープが巻きつけられており、迷うことはないと思う。少々急な道となるので注意して下ると、川井への道と合流する。川井へ降りず、右へ枝道を下って古里中学校の横に出る。

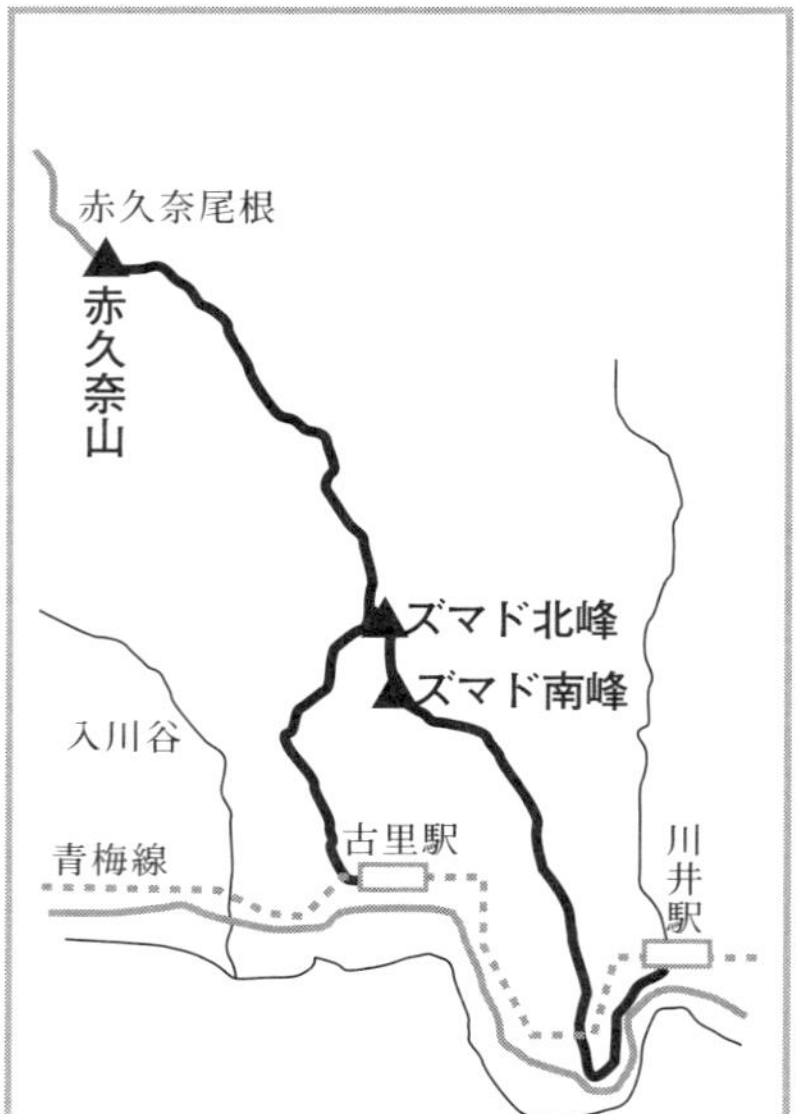

ズマド山からもずっと尾根をなぞって降りてきたが、古里中学校からは左へ出て川井駅へ出るのが近い。川井駅は、川井のアーチ橋の手前の高台に設けられたとまり木のような無人駅だ。

駅前にある小さな商店をのぞくと、獅子口屋のわさび漬けが売られていた。その昔、大丹波川の源流にまだ獅子口小屋が現存していたころ、お茶を注文するとお茶受けにわさび漬けを出していたことを思い出した。小屋の近くにわさび田があって、三角屋根の素朴な小屋であった。

ランプの明かりの中でごちそうになったわさび漬けをもう一度食べたくなって買い求める。懐かしい風味と香り、奥多摩ならではの逸品だ。

列車とホームの間が恐ろしく広く開く川井の駅から家路につく。明日も、ズマド山は訪れる旅人をひっそりと待っていることだろう。

心地よい風が吹き抜ける赤久奈山の山頂

わさび田をぬって登る渋い山

平《ひら》石《いし》山《やま》

1075ｍ　ＪＲ青梅線から　★

初夏の奥多摩の魅力は、沢のせせらぎを聞き、わさび田の葉や花の初々しい姿を見ながら登ることに尽きる。

平石山は、ＪＲ青梅線奥多摩駅の裏にそびえる人気の本仁田山の肩にあたる、玄人好みの静かな山である。この本で紹介する山の中では最高峰で、奥多摩駅の近くにありながら紹介されることもなかった秘峰中の秘峰だ。今まで目にすることのなかった安寺沢の石垣作りのわさび田とせせらぎが待つ癒しの山へご案内しよう。

山小屋風の駅舎を持つ奥多摩駅で下車をする。奥多摩町役場の前を通って北氷川橋を渡り、本仁田山への登山口、大休場尾根道の入口を目指して車道を登って行く。登山口にはわさび田が迫っていて、石垣の間から清流がほとばしっている。ここでひと休みしてから出発しよう。

安寺沢入口より大休場尾根へは入らず、「平石橋へ」という道標の指示に従

●コースデータ●

奥多摩駅…50分…安寺沢入口…10分…乳房観音…15分…廃屋…40分…平石山…60分…安寺沢入口…45分…奥多摩駅

立ち寄り湯：もえぎの湯
立ち寄りどころ：奥多摩ビジターセンター
美味いもの：わさび

って平石山へ登り出す。この先には「日原線No.9　No.10に至る」の杭が立っている。道はしっかりしていて悪くない。登り出して一〇分ほどのところの右手に乳房観音がある。木の幹の一部が女性の乳房の形をしており、出産後の女性の健康を気遣う観音様が祠られている。

左手にはわさび田が沢いっぱいに広がって、まんべんなく水を受け流している。洗濯板の上に水を流すがごとく、一節一節の畝に流れるせせらぎが見てとれる。わさび田の最奥には、田の持ち主が住んでいたと思われる崩れかけた廃屋が建っているが、田は美しく管理されていた。

ここでわさび田と別れ、平石山の主稜を目指しての登りとなる。立木のところどころに赤テープが巻きつけられており、それに導かれるように支稜尾根を登る。主尾根に上がったところで左へ進むと平石山の山頂だ。山頂に展望はないが、山名標と小さなケルンが立っている。

山頂から先にも道は伸びており、平石橋へ降りられるが、踏み跡が薄いので足を踏み入れるのは止めて同じ道を下山するとしよう。ゆっくりとわさび田を見たり、乳房観音にもお参りしながら下るとよい。初夏のすがすがしい日和りの中、安寺沢や平石山が最後まで見送ってくれる渋い山だ。

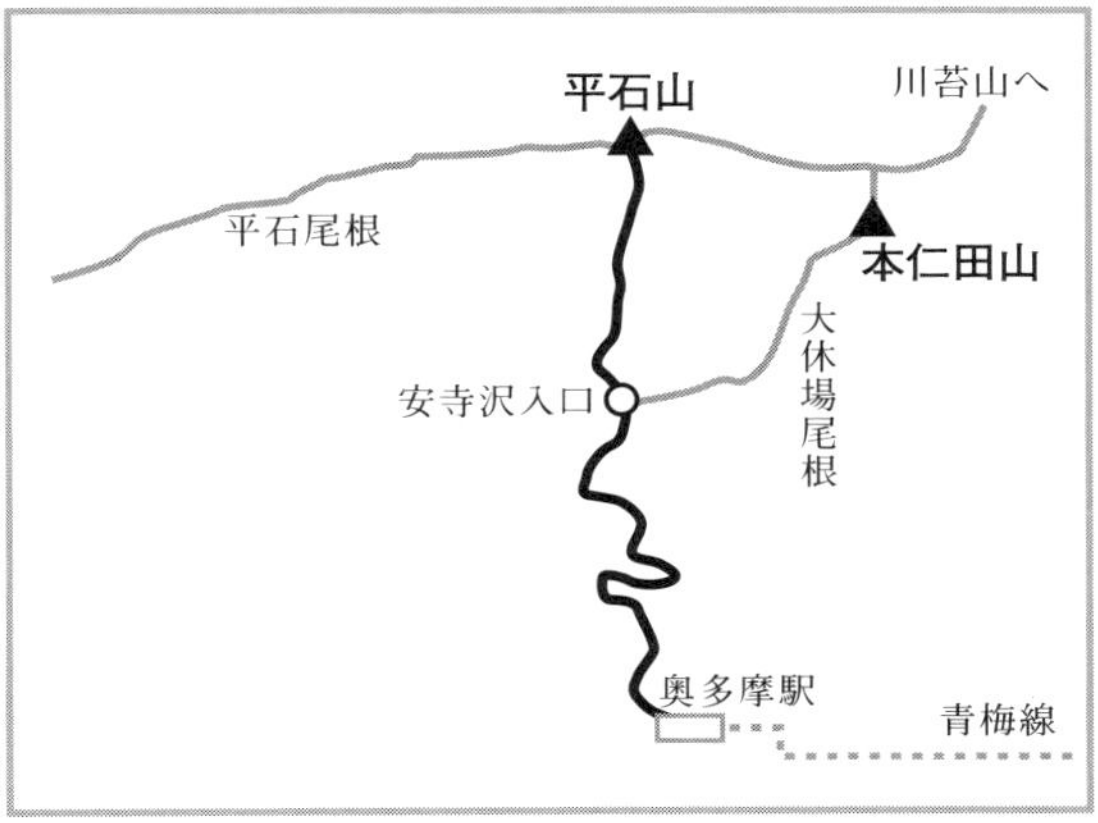

奥多摩のおみやげには、わさびの茎や花、わさび漬けなどがある。さて、皆様はどのようにわさびを召し上っておられるだろうか。おすすめしたい二品があるので紹介したい。

焼酎を飲むときに、すりおろしたわさびを溶かして入れる。これは俗称「奥多摩割り」。わさびの香りがとてもよくて、なんとも美味い。これは、チューブのわさびで作ってもいいのだが、やはり本わさびにはかなわない。そして、花と茎を、香りが残るくらい熱湯で湯引きしてから刻む。これを御飯の上に乗せ、おかかをかける。正油をひとたらしして混ぜていただく。これは「奥多摩流わさび御飯」だ。ぜひとも試してみていただきたい。新緑の奥多摩は、そよ風と沢のせせらぎ、わさび田の緑の爽やかさが心に染みる山旅となるだろう。

初夏の季節にはわさび田の緑を眺めながら平石山へ向かう

奥多摩そば処の山

鳩《はと》ノ巣《す》城山《しろやま》

759m　JR青梅線から

★★★

JR青梅線鳩ノ巣駅で下車をする。鳩ノ巣駅は単線区間にあって、上下線ですれ違いのできる山間の駅だ。平屋造りの駅舎を後に国道411号線、青梅街道に出て、今は営業していないみやげ物屋さんの脇を下る。ここには道標がある。下ったところに雲仙橋があり、ここから鳩ノ巣渓谷が見渡せる。岩と水の流れが織りなす渓谷美に、しばし足を止めることだろう。

橋を渡り、その道を突きあたるまで登ったところに指導標がある。「大楢峠を経て御岳山」の指示通り、大楢峠を目指していよいよ山道へと入る。うす暗い植林帯の中へ入ってしばらく登ると、旧越沢集落の廃屋に着く。現在は基礎の部分と囲っていた石垣しか残っていないが、この山中での暮らしはいかがなものだったのだろうと思いを馳せながらのひと休みとなる。

汗をぬぐい、喉を潤したら大楢峠へと向かおう。このあたりでは比較的人通りが多く、山道の要として知られる大楢峠は大きな峠で、ゆっくり休むのに充

●コースデータ●

鳩ノ巣駅…60分…旧越沢集落…30分…大楢峠…20分…海沢分岐…25分…鳩ノ巣城山…40分…鳩ノ巣園地分岐…15分…鳩ノ巣駅

立ち寄り湯：もえぎの湯
立ち寄りどころ：鳩ノ巣渓谷
美味いもの：奥多摩そば

分なスペースが得られる。ここからは、上坂、奥多摩方面への指導標に従って北へ歩き出す。踏み跡はしっかりついているので心配はない。すぐに海沢キャンプ場への分岐が左側に現れるが、これを見送って尾根上を進む。ここからは静かな山らしく、踏み跡も半分くらいになってしまう。少しずつ道は登り始め、最後の登りを登り切ると鳩ノ巣城山の山頂だ。

　山頂には、鳩ノ巣城山を示す山頂標示と三角点、中継アンテナがある。残念ながら、植林に囲まれていて眺望はなく、木々の間から本仁田山方面の眺めが少しあるだけだが、深秋のころはすがすがしい風が吹き上がってきて、とても気持ちがよい。大勢の観光客でにぎわう御岳山の衛星峰としてはひっそりとしていて、地べたに腰を下ろせる広さがある。

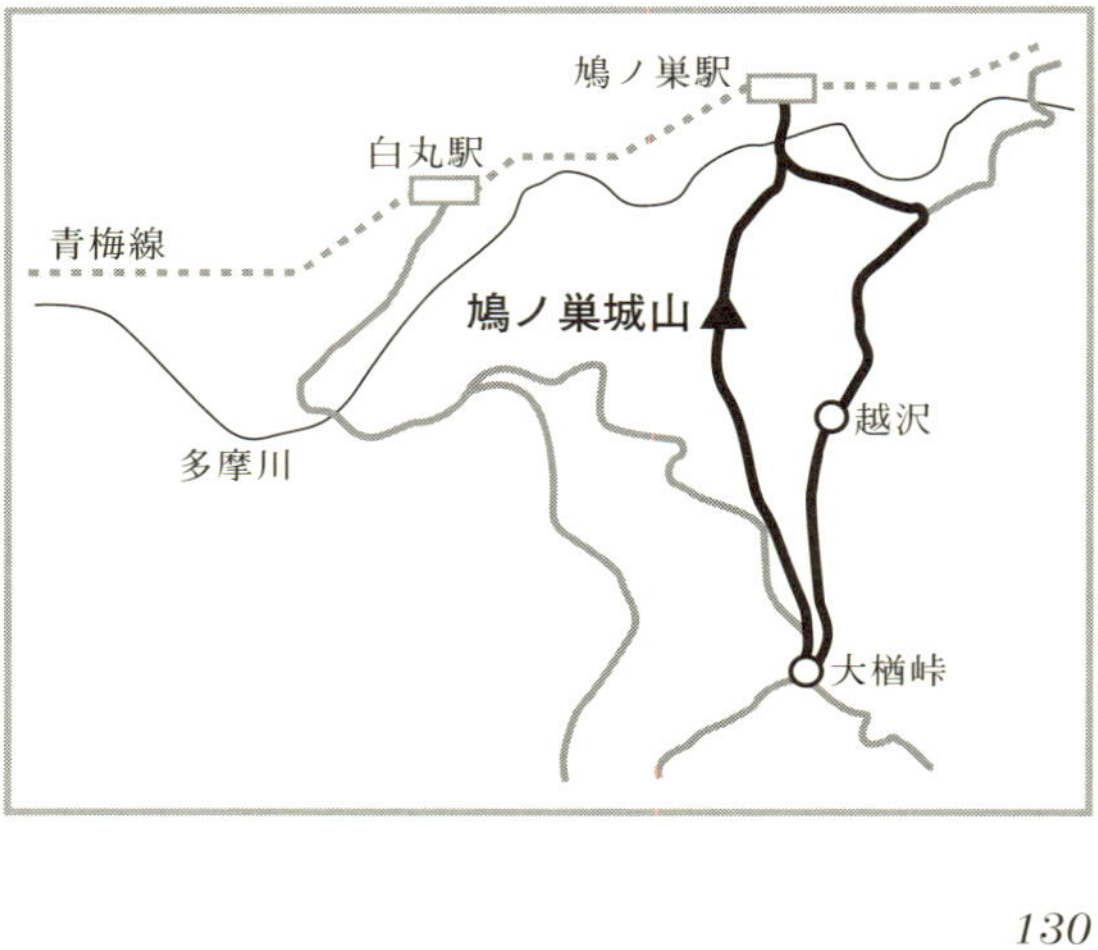

　下山路は、これまで登ってきた道を進んで鳩ノ巣園地へと向かう。鳩ノ巣の町並みがぐんぐん近くなるほどの急な道なので、慎重に足を運んでほしい。鳩ノ巣園地は、鳩ノ巣渓谷を見渡す川辺の散歩道となっている。時間があればゆっくりしていきたい。特に秋の紅葉はすばらしく、おすすめのスポットである。ここは道が階段状になっているが急なので、ゆっくりと下ることを心がけよう。要所要所に指導標があり、道に迷うところはない。鳩ノ巣駅が間近に見えるころには鳩ノ巣園地も近い。

東京都の北西にあって、美しい渓谷と親しみやすい山並を連ねる奥多摩は、都民の憩いの奥庭として広くその名を知られ、多くのハイカーにこよなく愛され続けている。その理由がよくわかるのが、この鳩ノ巣城山ではなかろうか。

鳩ノ巣には、奥多摩そばの看板を掲げる店も少なくないので立ち寄っていこう。奥多摩そばの特徴は、黒々とした太めのそばで、パンチの効いた濃い目のだし正油に大きな薩摩揚げがのっている。これは「おでんそば」。なんで？　と思い気や、ちゃんと理由があった。今も昔も重労働である山で働く男たちの腹を満たすためのものだったらしい。そば粉をたくさん使った太めの麺、にぎり飯を食べるための濃い汁、薩摩揚げはおかずだそうだ。

ちなみに、立川駅の青梅線ホームには奥多摩そばを名乗る立ち喰いそばのスタンドがあるが、ここにもおでんそばのメニューがあり、にぎり飯も販売している。生きた伝統の味が、山男を虜にすること請け合いだ。

雑木林の中にある鳩ノ巣城山の山頂

青梅、北小曽木川沿いの秘峰

夕倉山《ゆうくらやま》

411m　JR青梅線から　★★★

夕倉山は、奥多摩の入門の山として知られている高水山から発生する東尾根上にあって、その長い尾根は成木川と北小曽木川とを分けて、青梅市成木八丁目、吹上峠の手前まで伸びている。この尾根上にあるのが夕倉山であるが、あまり知られていないので訪れる人は少ない。

道はすべて尾根上につけられており植林帯の中となるが、静かな山頂や古い峠、北小曽木川の清流などがあって、登りも少ないので森林ウォーキングやワンディハイクにはとてもよいコースである。

また、中高年の地図読みハイクにも適しており、地図やコンパスの使い方、GPSや小電力型の無線機などを取り扱う練習コースとして歩いてみるのもおもしろい。

JR青梅線軍畑駅で下車をする。駅前で身仕度を整えて、身体を動かしてから出発しよう。線路沿いを進んで左側の踏切を渡り、高水三山へ向かう道を歩

●コースデータ●

軍畑駅…50分…白岩上之橋…20分…尾根上分岐…30分…大指山…10分…松ノ木峠…35分…夕倉山…90分…北小曽木バス停

立ち寄り湯：かんぽの宿青梅
立ち寄りどころ：青梅鉄道公園
美味いもの：地の野菜

き出す。高水山へ向かう道を左手に見送って橋を渡ると、ひと登りで榎峠に着く。峠を越えて下り出すと、白岩上之橋の左手より高水三山入口の道標があるので、これに従い登り始める。

ひと登りで尾根上の分岐に着く。左へに向かえば高水三山へ、直進は成木七丁目方面へ向かう道だ。今回は夕倉山へ向かうので、成木七丁目への指示に従い直進する。

植林帯で山腹を巻くような道へと入って行く。この山腹を巻く道が左へまわり込むところに小さな祠がある。この祠から東へ延びる尾根を進む。見落とすとそのまま成木七丁目に下ってしまうので注意が必要だ。

尾根をいきなり登り始める。このまま縦走して大指山に着く。三角点はなく、立木に山名が記してある。ここからひと下りで、古い馬頭観世音が並ぶ松ノ木峠だ。昔ながらの峠路が通っている。

この先も尾根上の道を進む。道ははっきりしているが、右や左へ方向が変わるので落ちついて追うことを心がけよう。この先もいくつかの起伏を乗り越える植林帯の山道はとても静かだ。

そのような中で、夕倉山の山頂は突然現れる。植林の中で展望

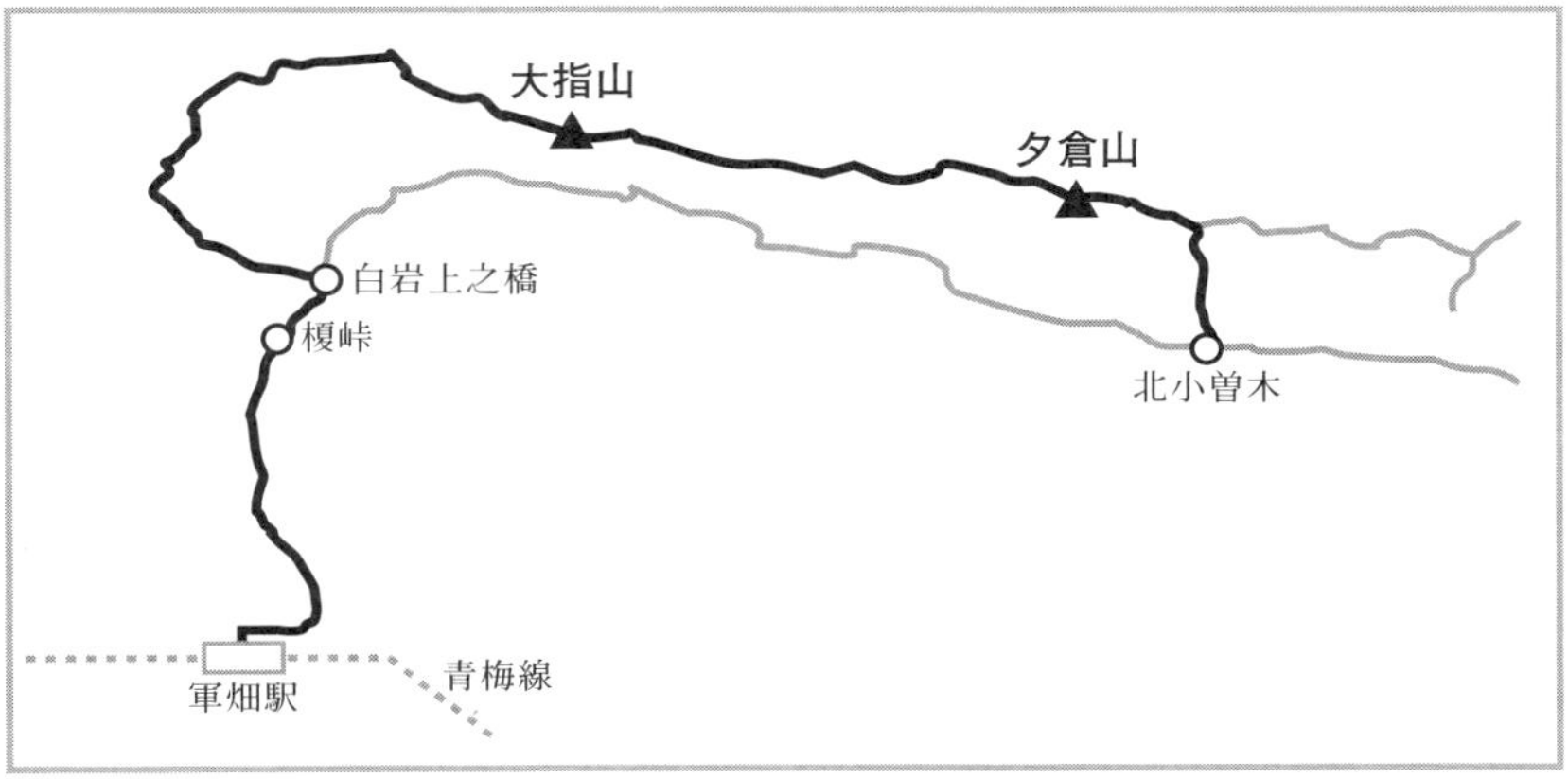

はないが、三等三角点と車座になれる小広いスペース、小さい山名標示がそっと迎えてくれる。高水三山の派手さに比べるといかにも地味だが、低山のぬくもりを感じさせる山頂だ。

下りもこの尾根伝いに久道方面へ進む。鉄塔青梅線No.47の杭があるので、そのまま進んでNo.47の鉄塔に出る。今度は尾根上に青梅線No.46に至るの杭。この巡視路に入って下山開始。この先でもう一回鉄塔の下をくぐって沢へ下りる。沢沿いの道を進むと北小曽木街道へ出る。道路へ出たらすぐ右へ。北小曽木バス停がある。

道路へ出る直前で北小曽木川を渡るが、ふとのぞくとすばらしい錦鯉がたくさん泳いでいる。もちろん飼い主がいるのだが、北小曽木川のたまりの部分で優雅な姿を見せている。バスが来るまでの間、しばし見入ってしまうことだろう。

高水三山の知名度には及ばないが、少しずつ広まっていったらうれしいと思う尾根道だ。

夕倉山の山頂。植林の中なので眺望はないが、小広いスペースがある

枯山水を彷彿させる山

天地山《てんちさん》

981m　JR青梅線から

★★★

JR青梅線の白丸駅は、終点奥多摩駅の一つ手前の駅だ。青梅線内のほかの駅に比べると「秘境駅」を感じさせる。簡素な上に、山の急斜面に造られている。無人駅でいつもひっそりとしていて、登山客の乗降すら見かけないほどだ。

今回は、この白丸駅を起点とする天地山を紹介しよう。あまり紹介されていないが登りがいのある山で、梅沢橋付近から望むと掛け軸に描かれた枯山水の水墨画のようである。岩肌に樹木がからみ、深い谷を形成している山容は、ほかの山に比べると孤高の山といった感じがする。登りに時間がかかるので、予裕を持って出発しよう。

白丸駅から青梅街道に降り立ち、奥多摩方面へ歩き出す。数馬トンネルをくぐって進む。左手に、これから登る天地山が少しずつその姿を現してくる。山道に、危険なところや岩場の通過、鎖場などはないのだが、山の姿を見ると誰もが一瞬息を飲む。奥多摩らしくない感じがするからだろう。

●コースデータ●

白丸駅…20分…梅沢橋…15分…東京多摩学園…50分…祠…60分…天地山…100分…梅沢橋…20分…白丸駅

立ち寄り湯：もえぎの湯
立ち寄りどころ：数馬の切り通し
美味いもの：わさび漬け

そう思って歩いているうちに梅沢橋が左手に現れるので、これを渡って中野集落へと入って行く。集落内の老人ホームを通るころ、右手の斜面に東京多摩学園の校舎が見える。校舎の正面に立ち左へ向かうと鶏小屋があり、その先から山道となる。道標はないが道は見てとれるので、確実に追って進もう。

九十九折りの道を登って行くと、大木の根元に小さな祠がある。ここは小広く区切りもよいので、休むのにはちょうどいい。この祠の脇から登って肩に出ると、道はもっとはっきりとする。尾根節に付けられた山道を忠実に登って行く。少しずつであるが、木々の間から天地山の頂上が近づいてくるのがわかる。急な登りが連続するので、休みながら、ゆっくり根気強く行きたい。

山頂は樹林に囲まれて眺望はないが、登り切った充実感がとてもうれしい。やや大きめの山名標示が、よく来たねとねぎらってくれているようだ。道は、この先いったん大きく急に下って、再び大きく登り返して鋸山へ立つ。しかし、そこまで行く体力と、鋸尾根を下って奥多摩駅へ出る体力を考えれば、このまま同じ道を戻ったほうが無難だろう。ゆっくりと、時間に予裕を持って降りて行きたい。人知れない静かな頂に登ったという充足感が、高度を下げるたびに湧いてくるであろう。学園の校

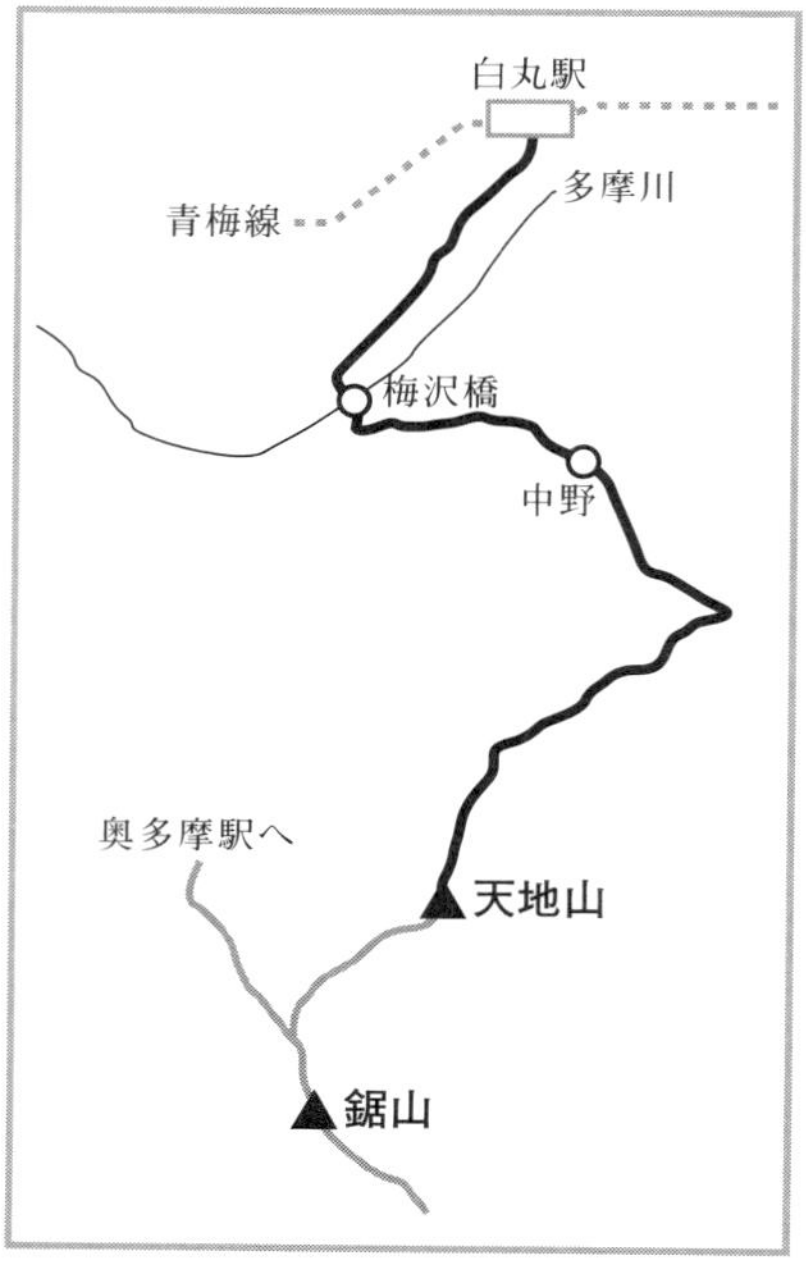

舎前を通って中野集落へ出ると、今回の山行もフィナーレを迎える。梅沢橋を渡って青梅街道を歩くとわさび漬けの店がある。この店は、手作りのわさび漬けを計り売りしてくれ、評判がよい。味も風味も最高である。

もし、まだ余力があったら、数馬のトンネルをくぐらず、トンネル上にある数馬の切り通しを歩いてみよう。往時の街道がしのばれる、よいところだ。入口に指導標が立っているのでわかりやすい。

ここは昔、「数馬の岩場」といわれ、ロッククライミングの練習に使われていたところだ。そのころの古いハーケンがところどころに見られる。そして、なんとこの上が白丸駅なのだ。プラットホームに新型電車が到着しても、ここが東京都だとは思えない光景である。

山頂からの展望はないが、登りがいのある天地山

里山縦走のすばらしさを満喫

牡龍籠山《おたつごやま》

352m　JR横浜線から　★

厳冬の季節であっても爽やかな冬晴れの日などは、山歩きをしたくなる。冬場の運動不足の解消も兼ねて、寒さに負けず里山へ出かけよう。

JR橋本駅より法政大学行きのバスに乗り小松橋バス停で下車をする。バス停から少し戻った左側に龍籠山金刀比羅宮参道入口があるので、ここから入ることになる。ここには小松ハイキングコースと案内された看板がある。今回はこのルートで、城山湖を一周する尾根コースを歩くことにしよう。

まずは目の前にある小さな流れの穴川を渡って登り始めるが、この川はこの先で境川と合流し、江の島を目指す。なんと、相模湾へ直接流れ込む川なのだ。

さっそく鳥居をくぐって出発。この道は牡龍籠山の直下にある金刀比羅神社への表参道なのでしっかりしている。もっとも、現在は金刀比羅神社の直下まで車道が通じているので、表参道とはいえひっそりとしている。

この先、竹林の中を通る。軽自動車なら通れそうなほどの道幅をゆるやかに

●コースデータ●

橋本駅＝バス＝小松橋バス停…50分…評議原…15分…牡龍籠山…45分…榎窪山…25分…草戸山…45分…青少年センター…30分…大戸バス停

立ち寄り湯：湯楽の里相模原店
立ち寄りどころ：小松城跡、城山湖
美味いもの：地の野菜、フルーツ

登っていく。やがて左手にお寺が見えてくる。

このお寺の裏手に、片倉城の出城として築城された小松城跡がある。この道は小松城跡には向かわないので、それと気づかないことが多く残念である。

ここを過ぎてひと登りすると小広い平坦地に出る。ここが評議原で、小松城の武士たちが評議した建物があったところだ。

ここからもうひと登りで車道に出る。金刀比羅神社は急な石段を登り切った小ぢんまりとした高台にあるが、社殿や社務所などすべてコンパクトに収まっており、古木や湧水もあるので、ゆっくり休むのにはよい。社殿右手の階段を上がると奥宮があり、ここからさらに上を目指すと牡龍籠山の山頂である。

山頂には、飛行訓練中にこの付近に墜落して亡くなった二名の飛行士の霊を弔った航空碑がある。

この尾根の先に立つと、城山湖が見下ろせて気持ちがよい。通信アンテナ塔から急に下って城山湖畔の車道に降り立つ。

ここから草戸山の道標に従って進む。大きなアンテナ鉄塔が数本見えるが、一番奥のアンテナ塔のあるピークが榎窪山だ。ここ

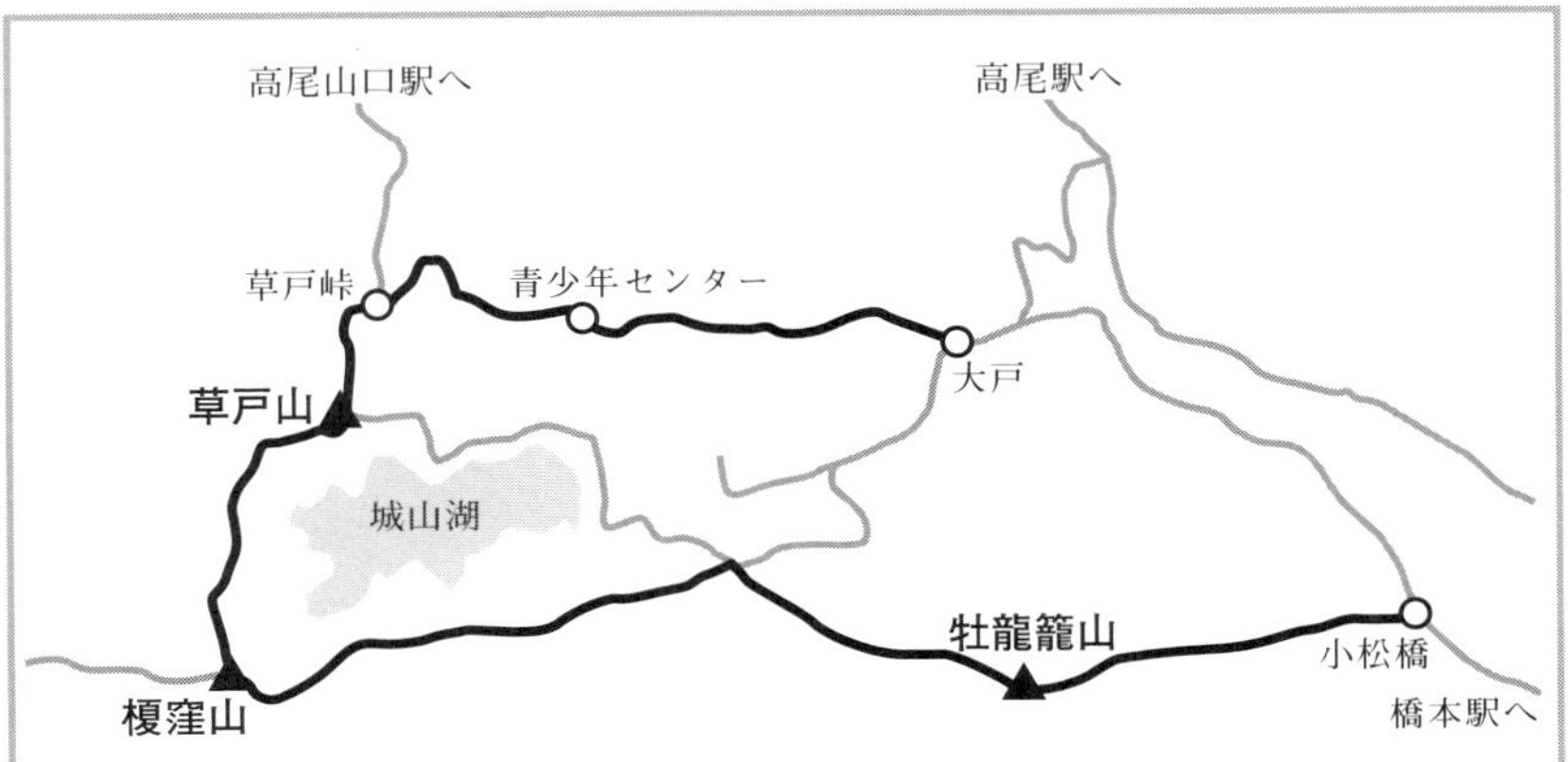

までの尾根が穴川尾根で、牡龍籠山を分水嶺のようにして小松川、穴川、境川が流れ始め、江ノ島まで続いている。

いったん三沢峠に向かって榎窪山に立つ。展望はないが、かわいい山名標示が迎えてくれるこんもりとした頂だ。ここから町田市の最高点として人気の高い草戸山へ向かおう。榎窪山より三〇分弱なので苦労はない。

休日ともなれば必ず人影のある町田市の展望台、草戸山には東屋があって、大休止にはとてもよい。

草戸山からは、意外に歩く人も少ない大戸へ下ってみよう。いったん少し下って、草戸峠から向かう。尾根からは城山湖が望むことができる。青少年センターに降り立ち大戸バス停へ。ここから橋本駅行きのバスに乗って戻ろう。

城山湖をほぼ一周する尾根道と、いくつかの山頂に立ちながら進む里山縦走のすばらしさを満喫できる山旅だ。

草花に囲まれた牡龍籠山の山頂

人気の山の影にあるすばらしい眺望の山

石砂山《いしざれやま》

578ｍ　ＪＲ横浜線から　★★

相模湖周辺の山で人気の高い石老山。駅から湖、湖から山といったつながりのよい山で、山頂からの展望もすばらしく、都心からの日帰りハイクの低山として不動の人気を誇っている。

その影になってしまってか、石砂山はいま一つ知名度が低い。眺望は石老山に優るとも劣らないし、東海自然歩道として整備されている登山道なのだが、人影は少ない。南側に道志川が流れ、北側には相模湖と篠原川を従える袴野の広い低山で、冬場はちぢみほうれん草などが作られている。

とてもよい低山でありながら注目されることの少ない石砂山を、道志川から登って牧馬峠へ下るコースで紹介しよう。石砂山から牧馬峠へは、石老山へ縦走するときに使われるのだが、これまでほとんど紹介されていない道である。

ＪＲ橋本駅から三ヶ木行きのバスに乗り、三ヶ木で乗り換えて伏馬田入口バス停で下車をする。バス停から少し戻ったところに道標がある。国道を渡り、

●コースデータ●

橋本駅＝バス＝三ヶ木＝バス＝伏馬田入口バス停…25分…登山口…20分…菅井分岐…35分…石砂山…60分…牧馬峠…90分…青野原バス停

立ち寄り湯：湯楽の里相模原店

立ち寄りどころ：伏馬田城跡

美味いもの：季節の野菜、ちぢみほうれん草

車道を下っていくと、亀見橋を渡る。このあたりは道志川の渓谷が美しいところだ。車道を進み、大きくカーブした途中に道標があって登山口となる。

石畳の山道を登り出してひと登りすると、菅井からの道と合流する。休憩タイムとして区切りがよいので、ひと休みしよう。同じ道を往復するだけの登山とするなら、菅井への道へ入って、伏馬田城跡へ向かってみるのもよいだろう。四〇分ほどの距離だ。

菅井の分岐から、鉄塔を過ぎて植林帯へと入って行く。ここを抜けると明るい尾根道となる。ここから先、山腹を巻くような道となり、石砂山の裏へまわり込むように折り返して階段を登る。階段を登り切ると石砂山の山頂だ。

展望がよく、テーブルやベンチがあってのんびりできる。ことに南側の眺めはすばらしいもので、西丹沢の山々が見渡せる。五七八メートルからとは思えない、スケールの大きなものだ。山頂でゆっくり眺望を楽しんだら牧馬峠へと下ろう。

山頂から篠原方面へ向かって五〇歩ほど進んだ右側に、赤テープが巻かれた目印があり、細い道が急に下っている。これが牧馬

峠へ降りる道だ。ここには道標がないので注意しよう。一気に下る尾根道も、下り切るとはっきりとした歩きやすい道となる。

植林の中で山腹を巻くような道になると、尾根の肩に上がってT字路となる。ここは左へ向かわねばならない。右へ進むと中沢へ下ってしまう。左へ入り、山腹を巻くような快適な道が続き、やがて牧馬峠へ出る。ここから車道歩きとなり、青野原集落へと下る。

このあたりの集落では、春は山菜、秋は芋茎の大束、冬ならば大根やちぢみほうれん草など、山の急斜面で採れた季節の野菜を売っている。このごろは町の八百屋さんでも見かけるようになったちぢみほうれん草は、冬ならではの味として親しまれ始めている。

冬の寒さにさらされるため、葉は凍りつかないように水分を少なくし、糖分をため込むという。そのために葉が引き締まり、甘味が凝縮される。その甘味を、ぜひともお浸しで味わってみてほしい。

東海自然歩道のルートにありながらもあまり紹介されていない石砂山

津久井の奥座敷を堪能する

風《かざ》巻《まき》の頭《かしら》

730m　JR横浜線から　★★

相模原市鳥屋周辺の低山は、津久井の奥座敷と称されながらも紹介されることが少なく、都心から遠いイメージがある。

JR横浜線橋本駅からの直通バスがなく、いったん三ヶ木で乗り継がねばならないこともあって足が向きづらいのは確かだが、それだけに濃い自然の風景や空気にふれることができる。

そして、今まだ開けられていない扉を開けるような期待感を、この地域の低山は抱かせる。

その最高位にあげられるのが風巻の頭である。実は、同じ山系に同名の山があるのだが、これから紹介するのは焼山と柏原の頭の間にあるピークのほうである。

津久井の奥座敷といわれている奥の間に足を踏み入れて、人目がつかぬ道志川下流域の低山に酔いしれてみようではないか。

●コースデータ●

橋本駅＝バス＝三ヶ木＝バス＝青野原バス停…5分…三本杉稲荷神社…60分…東開戸からの道と合流…30分…風巻の頭…80分…龍泉寺…5分…東開戸バス停

立ち寄り湯：湯楽の里相模原店
立ち寄りどころ：道志川
美味いもの：地の野菜、きのこ、山菜

橋本駅から三ヶ木行きバスに乗り、終点で乗り換えて、青野原バス停で下車をして歩き出す。バスは、発展著しい駅周辺から、車窓を濃い緑色に変えて到着する。

青野原の林道へ入り、すぐの左手の畑へ入って三本杉稲荷神社へ向かう。この神社のすぐ上に日連の修行道場があり、その裏手の尾根から登り始める。道標はないが、尾根上の道ははっきりしている。

尾根をはずさぬように進む。熊笹がはえているがうるさくはない。尾根はところどころで露岩もあって変化がある。尾根を登り切ると東開戸からの道と合流。こちらの道のほうがはっきりしている。

この道を登り、風巻の頭を目指す。がんばって登り切ると風巻の頭だ。まわりの展望はないが、木々の間から焼山を間近に望むことができる。

この山頂で、くつろいでいる登山者と出会った。この静かな山でほかの登山者に遭遇するとは、思ってもみなかったようすだ。

陽春のころの新緑はすばらしく、力強い息吹きを感じるとともも

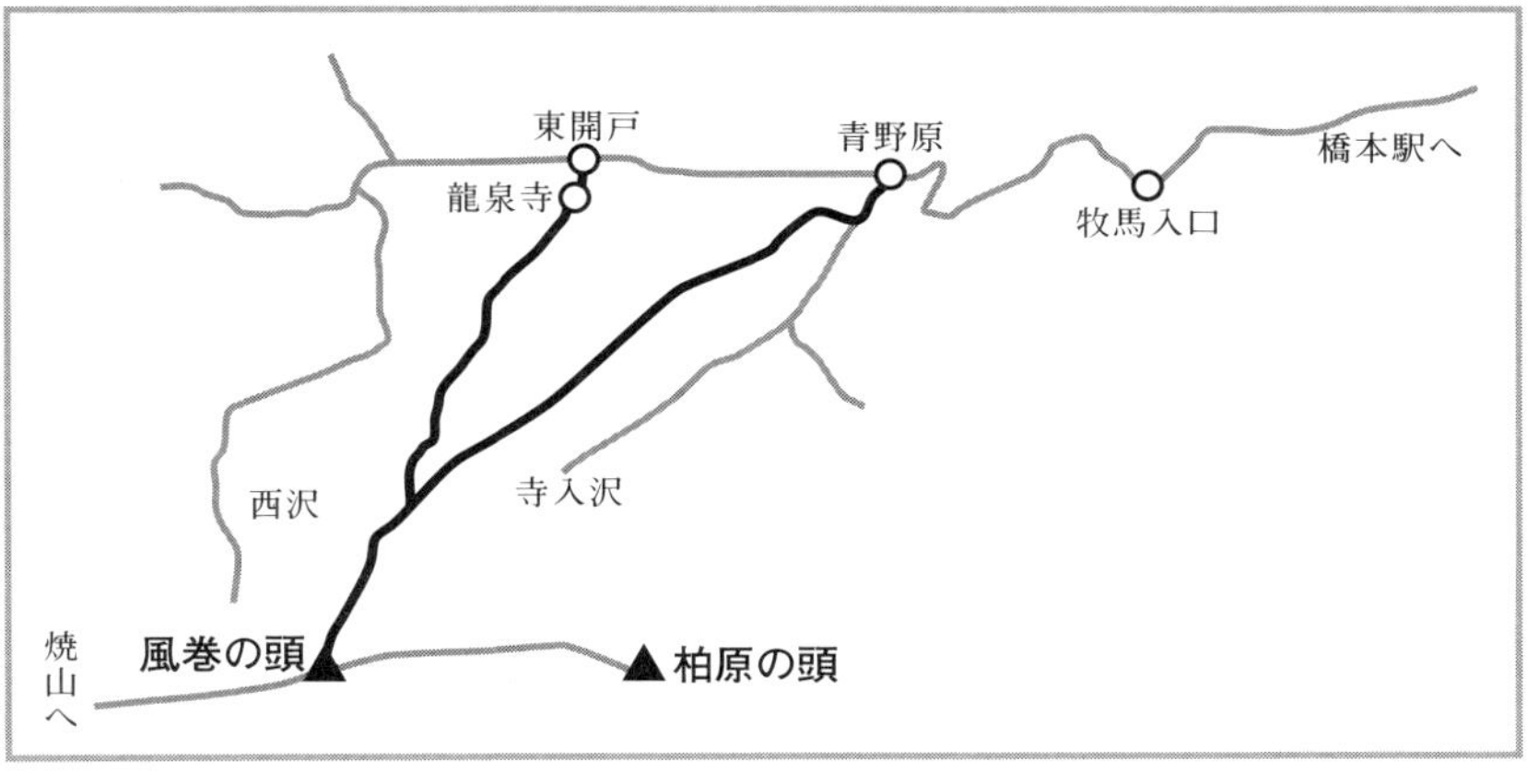

に、生きていることのすばらしさを共感できるほどの自然林がどこまでも広がっている。これが奥座敷といわれるところの緑の輝きであった。

下りは風巻の頭の北尾根を下って東開戸へ向かおう。左へ向かうように尾根を下ると、道は少々薄くなるが、最後は龍泉寺の墓地へ下って車道に出る。

東開戸のバス停は、ここから一〇〇メートルくらいのところである。

山頂に三角点や山名標示などの大きい設置物はないが、自然のもてなしをぞんぶんに味わうことができる。

旬によっては、地元の野菜やきのこ、山菜などの販売もあって、山を大切にする地元の方々の温かさが伝わってきてうれしい。今回は、それらを購入し、天ぷらにしていただいた。

そして、この津久井の奥座敷にも「相模灘」という地酒があって、あなどれない美味さである。ぜひ出向いてほしい道志川下流域の山だ。

風巻の頭へは雑木林の中の尾根道を登って行く

女性にやさしい相模原の大展望台

小倉山《おぐらやま》

327m　JR横浜線から　★

山にあっては女性にやさしいも男性にやさしいもないだろう、といわれるとおっしゃる通りと答えるしかない。しかし、私の考える女性にやさしい山とは、家事や仕事に追われている人でも、それらと両立できる「休日」を提供してくれる山である。

この本で紹介している山は、いずれも女性にやさしい、もしくは女性にうれしいをコンセプトの一つとしてセレクトしている。

山から戻った後でも、ひと風呂浴びて、ビール片手に台所で夕食を作る時間がある……そんな余裕のある休日を過ごしたいという人におすすめなのが小倉山だ。道もしっかりしているし、日照の短い冬の一日でものんびりできる小さい山である。

JR横浜線橋本駅で下車する。小沢行のバスに乗るのだが、このバスは休日だと本数が少ないので帰りのバス時刻を確認してから出発するとよいだろう。

●コースデータ●

橋本駅＝バス＝湘南小学校前バス停…15分…小倉林道入口…40分…小倉山…30分…茶畑…40分…小倉橋バス停

立ち寄り湯：湯楽の里相模原店
立ち寄りどころ：梨、ぶどうなどの果樹園
美味いもの：相模原産のフルーツ

バスは相模川を小倉橋で渡り、対岸の小倉山へと近づいて行く。湘南小学校前バス停で下車すると、そこは相模川のほとりである。

ここから次のバス停方向へと進むと、右手に小倉林道入口とある鉄門があるのでこれを入る。本来、車やバイクは入れないのだが、ときどきバイクが入ってきて、そのエンジン音に気分が損われる。

一般的に林道は単調で面白くないのだが、ここは相模原の街並みが広く望めて気分がいい。

林道を進むと小倉山の入口が現れる。ここには「小倉山へ」の道標がある。そろそろ山道を歩きたいと思い始めるタイミングなのでうれしい。

ここからひと登りで小倉山の山頂に着いてしまう。本気になって登る前なので、拍子抜けしてしまうかも知れない。

第一展望台といわれる鉄塔の下で休む。ここも眺望がたいへんよい。眼下の相模川の流れがまるで箱庭のようだ。その先に、都心へと続く街並みが広がっている。腰を下ろしてゆっくりとするのがいいだろう。どんな昼食でも、この景色を目の前にしたら、

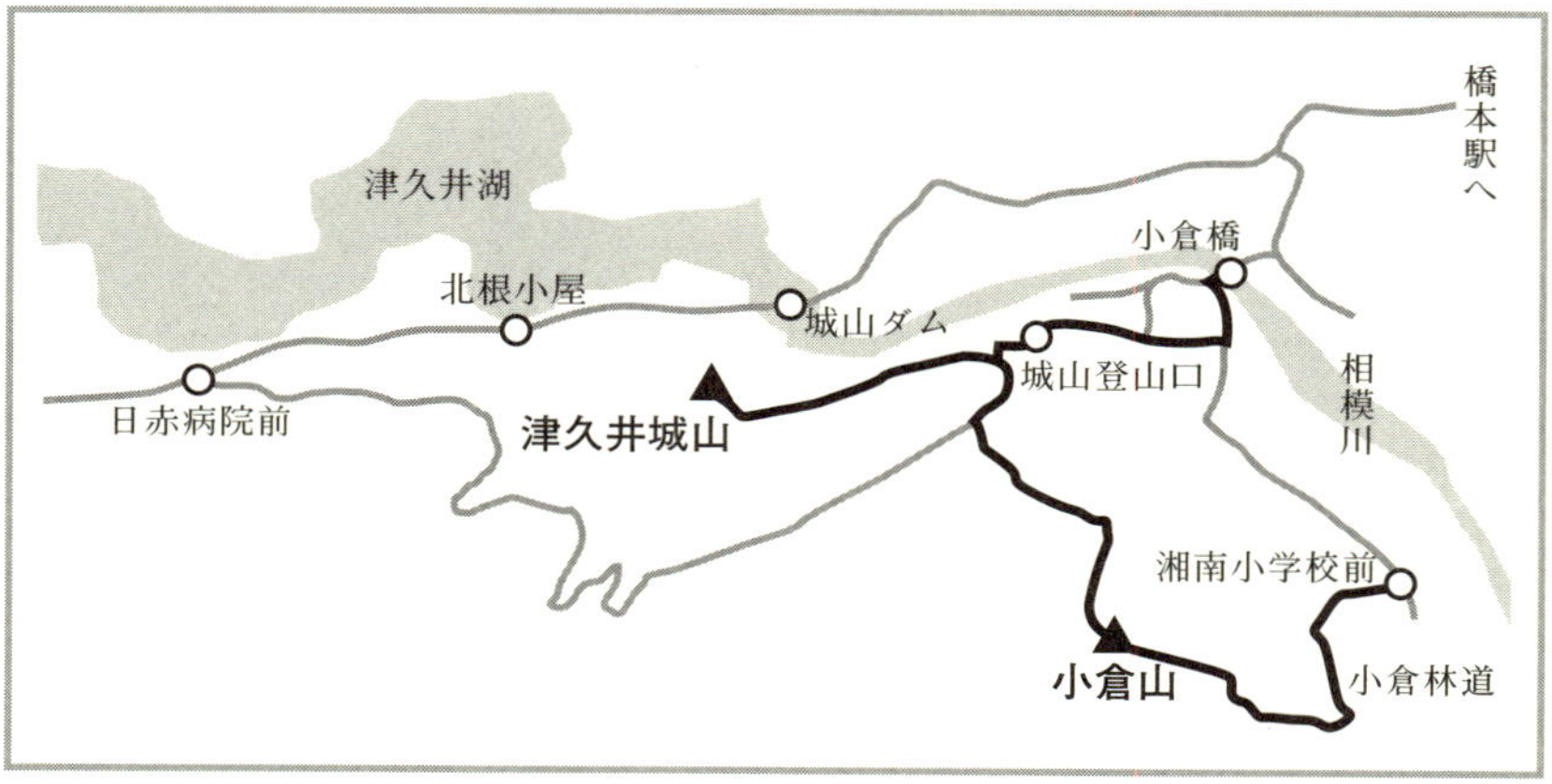

さぞかし美味しいに違いない。

下りは、来た道を反対側へ降りるとしよう。落ち葉を踏んで、ひと下りで歩道橋を渡ると茶畑に出る。正面に津久井城山が大きく見える。

小倉山だけではもの足りないという人は、津久井城山まで足を伸ばすといいだろう。津久井城山公園として整備されていて、見どころも多い。茶畑周辺の農家では津久井産の野菜を売っている。

もちろん、小倉山からは来た道を戻るのもよい。湘南小学校前バス停の相模川をはさんだ対岸には果樹園が広がっていて、特に梨やぶどうは有名だ。秋であれば梨もぎが盛んで、家族連れでにぎわっている。バス停から、小倉橋を渡って歩いて行ける立ち寄りスポットだ。

都心に近いところで、これほど自然や眺望を楽しめる山はめったにない。橋本駅周辺で買い物もできるし、女性にはぴったりの山であると私は思う。ぜひ、この山のよさを堪能してほしいものである。

測量ポールが立っている小倉山の山頂。眺望がたいへんよく眼下に相模川を望める

相模原の秘峰を訪ねて

仙洞寺山《せんどうじやま》　583m　三角山《さんかくやま》　515m

JR横浜線から　★★

津久井湖に注ぐ道志川と宮ヶ瀬湖に注ぐ串川の間に挟まれた区域には、五〇〇メートル前後のたおやかな尾根が続く。

ここには仙洞寺山と三角山があるが、知る人は少なく、忘れ去られたような存在になっている。

休日はドライブなどを楽しむ車が多く、平日はトラックなどが頻繁に走っているが、ただ通過して行く車が目立つところだ。

三角山とは、いかにも登りたい気にさせてくれる名前である。また、仙洞寺山麓から道志川を遡った青根地区では、町興しの青根リンゴ果樹園を開設したと聞いたので、この二山にスポットをあてて紹介しよう。

JR横浜線橋本駅からバスに乗り、終点の三ヶ木で乗り換えて、牧馬入口バス停で下車をする。ここから県道64号線に入る。ここには伊勢原方面への大きな看板があるのですぐにわかる。鳥屋方面とを結ぶ峠道であるが、

●コースデータ●

橋本駅＝バス＝三ヶ木＝バス＝牧馬入口バス停…50分…送電巡視路の杭…25分…No.42鉄塔…15分…三角山…10分…No.42鉄塔…10分…山神神社…30分…仙洞寺山手前のピーク…30分…仙洞寺山…20分…さがみの森…45分…青山バス停

立ち寄り湯：鳥屋鉱泉、青根温泉
立ち寄りどころ：さがみの森
美味いもの：青根リンゴ

車やバイクの通行が多いので注意が必要だ。

峠の山頂部を鳥屋側に少し下りたところに送電巡視路No.41 No.42への杭があるので、この巡視路の道へ入って登り始める。ここに道標はない。

巡視路は道もしっかりしていて登りやすい。やがて道は二股に分かれるが、左手のNo.42の鉄塔への杭に従って進む。No.42鉄塔からの展望はたいへんよく、休むのにはとてもよいところで、仙洞寺山がよく見える。

No.42鉄塔からそのまま尾根伝いに道を進むと三角山に着く。山頂にはアンテナ塔とその付属施設、三角点と山名標示がある。

山頂からNo.42の鉄塔まで戻って、今度は仙洞寺山を目指す。少しヤブっぽいところもあるが、No.42の鉄塔からひと登りで山神の社殿に着く。ここは鳥屋権現である。

下って登り返し、少しきつい急登を登り切ると仙洞寺山の手前のピークに着く。ここは鳥屋、宮ヶ瀬方面の展望がいい。この先、林道を横切って最後の登りを終えれば仙洞寺山の山頂だ。少し進んだところからは八王子方面の展望がよ

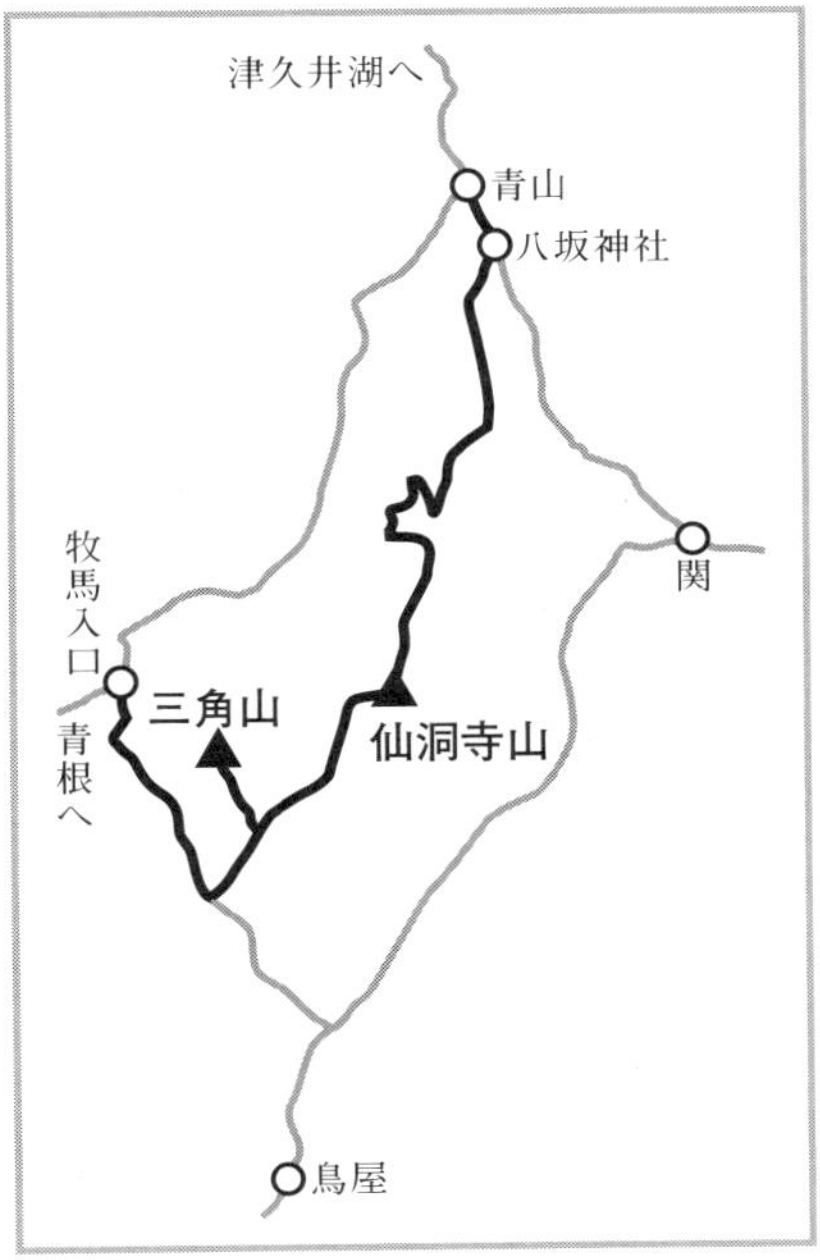

く、休むのにいい。

山頂からはさがみの森へ下って行こう。背の低い植林帯を下ると道がよくなる。さがみの森から右の林道へ下り、次の二股の林道を左へ下ると八坂神社の脇を通って車道に出る。青山バス停は左へ出てすぐだ。バス待ちの時間が長いようだったら三ヶ木まで歩いてもよいだろう。三ヶ木からだとバスの本数が多い。

青根地区では、リンゴの本場である青森の指導を受けて栽培したリンゴを販売している。種類はそう多くないものの、身が締まっていてとても美味しい。青根リンゴが多くの人に愛されるようになればいいと思う。

里山ファンならずとも、まだ登ったことのない山へ登るのはうれしいものだ。日帰りで登れる手軽さのほか、新しい体験や発見があって、自然から学ぶことも多い。連泊で出かける余裕がないときでも、低山なら疲れを残さず通うことができる。わずかな時間でリフレッシュでき、また来週も山へ行こうと思わせてくれる山旅である。

仙洞寺山の山頂付近は、眺望がよく、明るくて昼食にも最適だ

つくしが迎えるやさしい山

松茸山《まつたけやま》

571m　JR横浜線から　★

東京のほど近くに松茸の育つ山があったらどんなにうれしいだろうか、なんて考えるのは私だけではないだろう。松茸は無理としても、椎茸くらいはないだろうかと想像が広がる山名である。

松茸山は、宮ヶ瀬ダムの完成で松茸山自然の森公園として整備され、たいへんに展望がよく、家族連れでも楽しめるようになった。

昔の地図には名前も標高点も示されていたのだが、最近の地図だと表記されることもまれになってしまった。

宮ヶ瀬ダムの西側に位置しているのだが、あまり知られていないのは、交通の便が悪いからであろう。

それゆえ、マイカーを使っての入山をおすすめしたい。

電車で向かう場合は、JR横浜線橋本駅からバスに乗り、終点の三ヶ木で乗り換え、鳥屋バス停で下車をする。

●コースデータ●

橋本駅＝バス＝三ヶ木＝バス＝鳥屋バス停…60分…奥野隧道…20分…八丁橋…50分…松茸山…70分…水沢川口…10分…奥野隧道…60分…鳥屋バス停

立ち寄り湯：鳥屋鉱泉、青根温泉
立ち寄りどころ：鳥居原園地
美味いもの：つくし

宮ヶ瀬ダム湖に向かって歩き出し、鳥居原園地を右に折れて、松茸山自然の森公園へと進もう。

虹の大橋方面へは進まず、湖畔に沿う道で、八丁橋、早戸川口方面へ向かう車道をしばらく歩くことになる。静かに湖面を揺らす風が心地よいところである。

奥野隧道（越路峠）を出ると、目の前に大きな公園の案内板が現れる。左手の車道を進み、八丁橋を渡って早戸川口より登り出す。

一時間弱で三角点のある松茸山に着く。歩きやすく整備された松茸山はとても明るく、一歩一歩登ることによって高度がぐいぐいと上がっていく感じが得られる。

三角点のある山頂の先の、東屋のある頂に向かう。三角点のある山頂より、なぜかこちらのほうが高いのだ。

少しもの足りないので、松茸山のハイキングコースのすべてを歩くことにする。コースのどこからも見晴らしがたいへんよく、うわさ通りの眺望である。

特に、鳥屋を中心とした周辺の低山がすべて見渡せる。

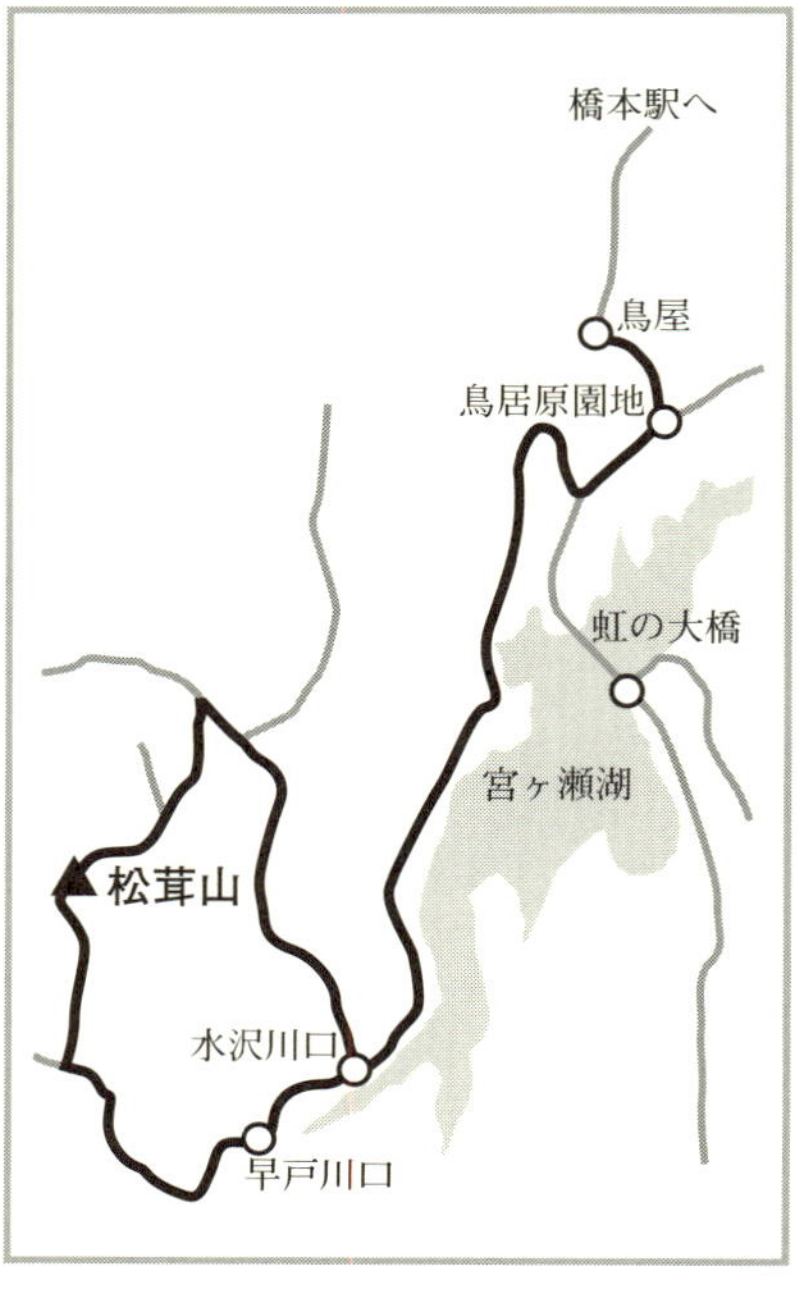

仏果山方面を始めとして、南山長峰、茨菰山、三角山、仙洞寺山、柏原の頭、エンナミの頭、ガタクリ峠、石砂山、焼山、黍殻山、ヌタノ丸、本間の頭、松小屋の頭、高畑山、御殿の森ノ頭と、すばらしくいい眺めだ。とても五七一メートルの山からのものとは思えない。

また、公園というわりには人の手をあまり感じさせない自然林が中心で、新緑や紅葉のころもすばらしい。下山は水沢川口に向かう。

全コースを歩くと、少しは登ったり下ったりした気持ちになるだろう。

湖畔へ降り立つと、ルアーフィッシングを楽しんでいる人が多くいた。

初夏のころだと、松茸とはいかないが、つくしがたくさんある。

つくしのハカマを取り除く作業は手間だが、バターでサッと炒めて食べるととても美味しい。まさに、山からの恵みである。

明るい松茸山の山頂

野イチゴが楽しめる小山

茨《ほう》菰《ずき》山《やま》

511ｍ　ＪＲ横浜線から　★★

地名や山名は読めないものも多くあって、恥ずかしい思いをすることがしばしばある。この山名も最初は読めなかったのだが、国土地理院発行の地形図にはルビが振ってあったので助かった。名山にはそれなりの名前がついていることが多いが、低山はどことなく意味ありげで、山容と異なったすてきな名前が付いているケースもあって興味深い。

茨菰山も、奥多摩や中央線沿線にあったならば、もっとポピュラーな山になっていたのではないかと思う。そして、この山はどこにあるの？　という感じがあって、低山ファンを喜ばせているのも心憎い。

ＪＲ橋本駅からバスに乗り、終点の三ヶ木で乗り換えて鳥屋郵便局前バス停で下車をする。隣りの駐在所を右へ曲がり、青野原方面への車道へ入る。右手の畑の中に谷戸集落を示す杭があり、左手に車道が枝分れに伸びているのでここを入る。すると、丘の上にプレハブのような建物が見える。

●コースデータ●

橋本駅＝バス＝三ヶ木＝バス＝鳥屋郵便局前バス停…50分…谷戸集落…40分…茨菰山…20分…境界見出標…45分…枯松のピーク…15分…エンナミの頭…15分…柏原の頭…5分…一般登山道…35分…平戸集落…20分…鳥屋バス停

立ち寄り湯：鳥屋鉱泉、青根温泉
立ち寄りどころ：宮ヶ瀬コッコパーク
美味いもの：野イチゴ

この家を目指して坂を登って右へ行くと、車道の切れたところから山道が始まる。

今回は、この送電鉄塔巡視路を使って山頂を目指す。ここまで道標はないので、地図を見開きながら向かうことになる。巡視路に入り、一つ目の鉄塔を過ぎて林道に出る。ここを左へ少し行くと右手に巡視路があり、これを登って二つ目の鉄塔。このまま尾根伝いに登って茨菰山の山頂だ。

植林帯の中にあるので展望はないが、山名標示と三角点がある。山頂から続く踏み跡は柏原の頭（六三二メートル）へと続いている。ひと休みしてから向かうとよいだろう。

尾根伝いに踏み跡をたどって、初めての境界見出標を見る。これを追うように尾根伝いに登る。野イチゴなどがあって、摘み採りながら進むと、登り切って枯松の立つピークだ。ここは見晴らしがよく、休むのにはよい。

この先も尾根伝いの道が続く。いったん下って登り返し、エンナミの頭（六三〇メートル）に着く。ここは柏原の頭の一部で、ここからひと登りで三角点のある柏原の頭に着く。薄い踏み跡を

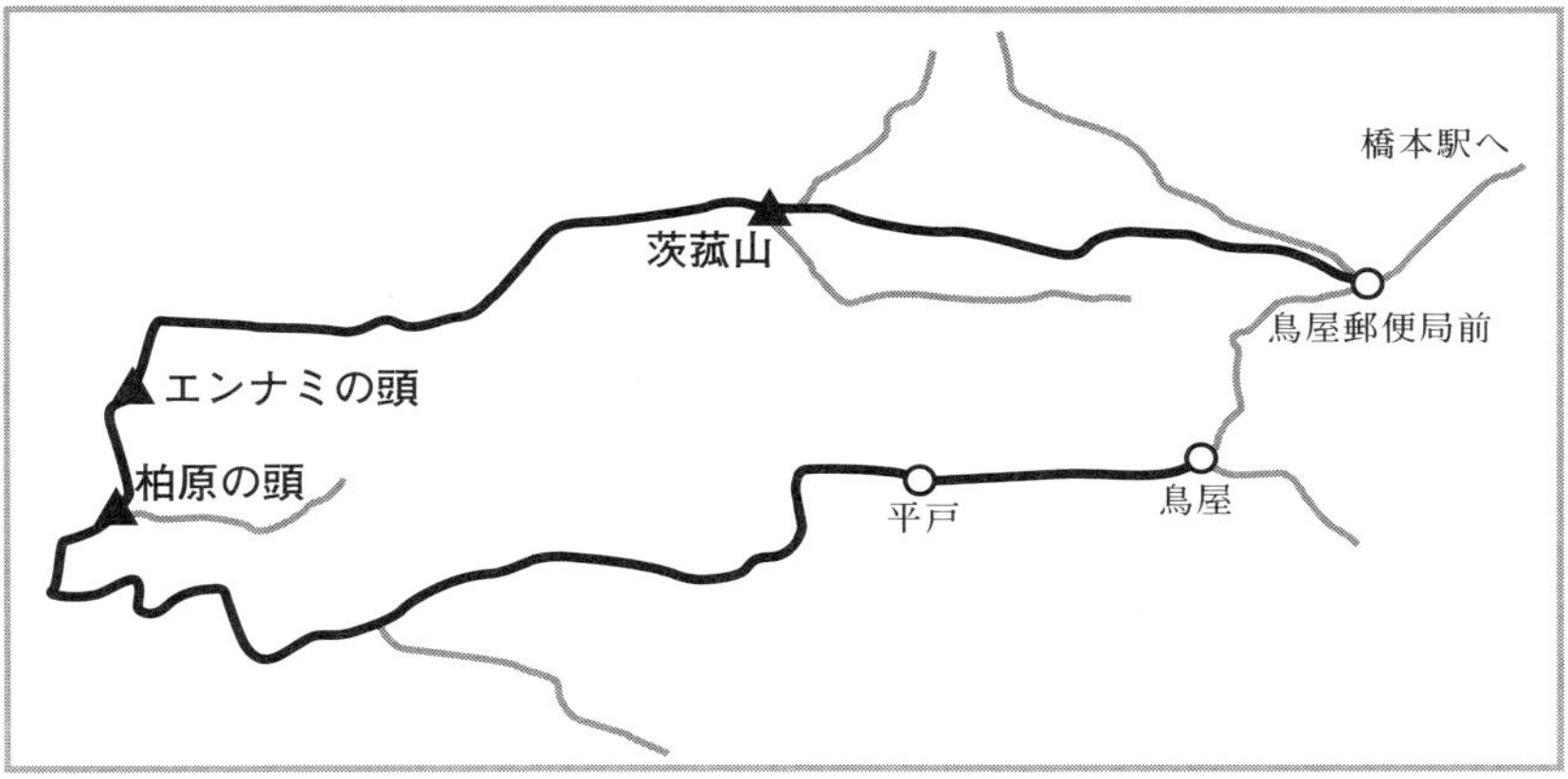

少し下ると一般登山道と合流する。ここには指導標があり、柏原の頭と明記してある。

ここから道標に従って、しっかりとした道を平戸集落へと下山する。平戸集落からは車道を歩くと、鳥屋バス停に到着する。

さて、茨菰山と柏原の頭の縦走路で摘み採った野イチゴは、持参したバターロールにはさみ、練乳をかけて山中でいただいた。食べ切れなかったものは持ち帰り、水洗いをして食パンの上に並べ、その上に溶けるチーズをのせる。さらにその上に練乳をかけてから、オーブントースターで焼いていただいた。最高に美味しい一品だ。もちろん、山の恵みはなんであれうれしいし、なにを食べても美味しい。

私は、山菜やきのこなどには詳しくないので、みつばやワラビ、イチゴ類など、きちんと素性のわかるものだけで楽しむことにしている。しかし、それだけでも充分、いやそれ以上に満足できるのである。

植林帯の中にある茨菰山の山頂。展望はないが、静かで落ち着ける

爽快な稜線歩きを楽しむ山

蔦《つた》岩《いわ》山《やま》

920m　西武線から　★★★

僧が座禅を組む際に、尿が止まるとされる黒豆を甘く煮しめたものを食べる習慣があり、これを座禅豆と呼んだ。また、座禅を組む姿に似ていることから、座禅草といわれる花がある。どこにでも咲く花ではなく、湿地など自然条件の整ったところでしか見ることができない。

そんな貴重な座禅草の花が咲く山に登ってみよう。

西武線飯能駅で下車し、湯の沢行きのバスに乗り終点まで行く。バス停は四方を山に囲まれ、渓流の流れの音が山間に響いているので、思わずあたりを見まわしてしまう。

ここで仕度を整えて、山伏峠へ向けて、さらに奥へと車道を登り出す。

山伏峠を越えて下り始めた左側に、大栗沢林道が伸びているのでこれを入る。林道を歩いていると武川岳への指導標があるので、山道へと入って行く。二〇分ほどで、右手より名栗少年自然の家からの尾根道と合流する。

●コースデータ●

飯能駅＝バス＝湯の沢バス停…40分…大栗沢林道…60分…武川岳…15分…蔦岩山…30分…焼山…50分…二子山入口バス停

立ち寄り湯：武甲温泉
立ち寄りどころ：座禅草保護区
美味いもの：地の野菜やきのこ、果物

ひと休みするのには区切りのよいところなので、少し休んでから武川岳へ向かうとしよう。

ここから二〇分ほどの尾根登りで、小広い武川岳の山頂に着く。明るい山頂は快適で、大きな山名標示と三角点がある。

武川岳から蔦岩山の尾根は、植林された木がまだ低いために、たいへん見晴らしがよく、吹いて来る風がとても心地よい。

武川岳よりいったん下って登り返したところが蔦岩山の山頂だ。

ややもすると通り過ぎてしまうので注意するようにしたい。石灰岩質の露岩が左手に現れたところが山頂で、小さな山名標示板が立木に付いている。

露岩の上に腰を下ろして休むといいだろう。ここもとても見晴らしがよく、気持ちがよい尾根である。

ここから三〇分ほど尾根道をゆるやかに進んだところが焼山の山頂だ。

焼山を下ったところにあるのが、今回の下山ルートのヨーガイ沢（マサイ沢）である。

道標はあるが、下山場所を示した地名が入っていないので、少しとまどってしまう。二子山入口バ

ス停に降りる道なのだが、それを明記してほしいと思う。道は途中から林道となるので、迷うところはなく高度を下げて行く。

二子山入口からのバスは本数が少ないので、待ち時間を利用して、この先の座禅草保護区へ向かってみよう。

低湿地帯は人の足の踏み固めが早いので立ち入ることはできないが、木道の上から間近に見ることができる。

水芭蕉にも似ているが、大きな赤紫色の花弁を持った花の姿は、座禅を組む姿勢に確かに似ている。そして、こうして観察していると、自生地を選ばない植物とは異なる品格のようなものを感じる。

これからもこのような貴重な生態系を残していかなくてはならないと思いつつ、保護区を後にする。

伐採の進んだ尾根を歩く心地よい道と、小鳥がしきりに鳴き続ける山、渓流の音、澄み渡った山の空、明るい山頂、可憐な草花と、魅力あふれる連嶺の蔦岩山は、登山者の心を魅了して止まないだろう。

保護区に咲く鮮やかな座禅草

低山の魅力が凝縮された山

コワダ（深沢山西峰《ふかざわやませいほう》）

319m　西武線から　★

この本で紹介している低山の中で、個人的に非常に好きなタイプの山である。低山の魅力が小さい範囲の中にぎっしりと詰まっているからだ。ゆっくりとした時が過ごせる安心な山である。

西武線東吾野駅で下車をして駅前の国道に出る。国道を武蔵横手駅方面へ戻るように歩き出す。進行方向の左手に深沢集落へ向かう細い道を見送る。この道は軽自動車が通れる程度の細い道なので、見落さないようにしたい。

これを過ぎてすぐの左手に、新所沢線No.61号に至るの杭が少し奥まったところにある。これは送電鉄塔への案内標示だが、ここが入口だ。国道からは見逃しやすく、わかりづらい。

もしわからなくて通り過ぎてしまったら、もう少し先の左手に緑色のサビた鉄製の階段がある。これが入口だ。登って栗林、そのまま尾根伝いに道をたどればNo.61号鉄塔に出る。この鉄塔からはしっかりとした道が続いている。マジ

●コースデータ●

東吾野駅…40分…No.61号鉄塔下…40分…深沢山…5分…コワダ…35分…土山集落…10分…北向地蔵…40分…物見山…90分…高麗駅

立ち寄り湯：まきばの湯
立ち寄りどころ：栗林
美味いもの：隼人瓜

ックで「土山へ」と書かれている杭もあるが、道標はないので、登り口を間違えないようにしたい。

鉄塔から急に登ったところが深沢山だが、山名標示も三角点もない。深沢山から少し戻る形で尾根を逆に進めばコワダ（深沢山西峰）に着く。こちらには三角点と山名標示がある。

以前に比べると、周囲が刈り払われて明るくなり、休むのにはとてもよい。遠くに電車の通る音も聞こえる山頂だが、それも心地よいリズムだ。深沢集落のちょうど東にあたるピークで、三〇〇メートルほどとは思えない静かな里山だ。

深沢山に戻って、そこから土山の集落を目指そう。落ち葉を踏みしめるサクサクという音が後を追いかけてくる気持ちのよい尾根登りだ。

三五分ほどで土山集落へと着く。南斜面を上手に耕やして隼人瓜などの野菜類が植えられていた。土山からは指導標が終点の駅まで導いてくれるので、奥武蔵の名山をもう少し歩いてみよう。

まずは北向地蔵へと足を運ぶ。名前の通り北向きに立つ珍しい地蔵尊で、コースの大きな目印にもなっている。北向地蔵からは

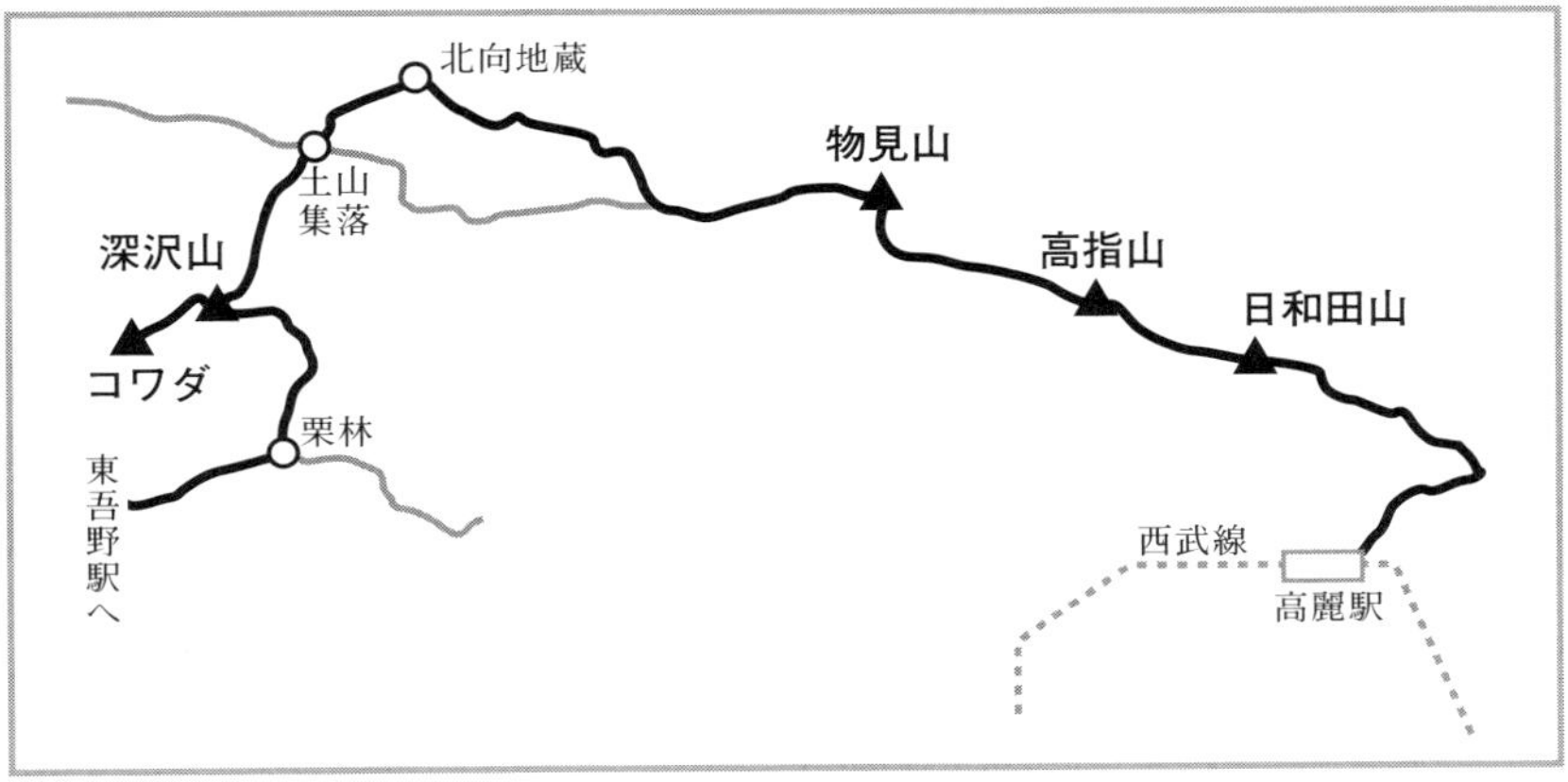

物見山へ向かい、もう一山かせいで西武線高麗駅へと降りよう。お地蔵様から四〇分ほどで物見山の山頂に着くが、道標も完備されており、踏み固められたしっかりとした道のおかげで、それほど長くは感じられない。物見山には木製のベンチなどがあり、いつも多くの登山者でにぎわっている。

ここから奥武蔵自然遊歩道を歩いて降りて行く。高麗川や巾着田を見下ろすすばらしい眺望の道だ。高指山、日和田山を経由して高麗駅へ下ると、歩き通した全コースが駅のホームから見渡せるというおまけが付いてくる。ホームで飲むビールが最高に美味しいひとときだ。

土山の集落では隼人瓜を購入した。それを半分に切り、種を取り、皮をむいて、一晩、醤油漬けにする。この地方には造り醤油蔵があって、捨てていた醤油の澱を利用して漬けていたことから「澱漬け」と呼ぶ。シャキシャキとした澱漬けは、奈良漬けに優るとも劣らない美味さだ。里山生活の知恵が家庭でも味わえる逸品である。

山里の風景を望みながらコワダの尾根を登る

野みつばを摘みながらの低山歩き

虎秀山《こしゅうやま》

320m　西武線から　★

西武線の東飯能駅から西武秩父駅間と八高線沿線は低山の宝庫である。ゆるやかな山並の中に人の暮らしが溶け込み、その懐深くまで水が流れて、自然の育みが感じられる。

特に、西武線沿線の山は、駅から登り始められて駅へ降り立つことができるので訪れる人も多い。

虎秀山は低山ながら、野みつばや山頂付近には山菜もあるので、初夏のころに訪れる機会が多くなるが、そのほかの季節も申し分がない。

西武線東吾野駅で下車をする。駅前に出て国道299号線に出る。

市立病院や東吾野郵便局を見ながら、高麗川に沿って吾野駅方面へと国道を歩いて行く。すると、右手に興徳寺の土壁が見えてくるので、その手前の道を右に入る。

すぐに林道となるが、この林道には足の踏み場もないくらいの野みつばが生

●コースデータ●

東吾野駅…15分…興徳寺…60分…虎秀山…75分…阿寺集落…15分…顔振峠…70分…吾野駅

立ち寄り湯：まきばの湯
立ち寄りどころ：顔振峠
美味いもの：野みつば

えている。名もない小さな沢から水を汲み取り、野みつば摘みを始める。少し暑くなり始めたころのほうが、茎の太いものが採れる。野みつばだけでなく、ワラビもそこらかしこに生えている。

その小さな沢に沿って林道を上がると、その奥にも野みつばがたくさんある。申し訳ないが、踏まないと前に進めないくらいだ。

トタン屋根の作業小屋を右手に見送り進んで、山の中へと入って行く。植林帯の中に入り、山腹を巻く道だ。尾根に上がって左へ鉄塔の下を通ったら虎秀山の山頂である。

小さいコブのような山頂なので、通り過ぎてしまうかも知れないから気をつけよう。三角点はないが、枝切れに虎秀山の山名標示がある。カマボコの敷板のようなものに書かれているので、ここが山頂だとはわかりづらい。この鉄塔下にはワラビが育っている。尾根上の鉄塔付近はどこも眺望がよく、ワラビが生えている。

このまま下山してしまうのはもの足りないので、尾根を進んで阿寺集落へと上がり、顔振峠から駅へと下山しよう。

虎秀山と阿寺集落間の道は尾根上につけられており、はっきりしている。しっかりしていて特に悪いところはないが、道標は見あたらないので、阿寺集落へ上がるまでは尾根をはずさぬようにゆっくり進みたい。

阿寺集落から一五分ほどで顔振峠に着く。

義経と弁慶がこの峠を越えた折、あまりの絶景に何度も振り返ったことが地名の由来になったといわれるこの峠は、奥武蔵、秩父の山並から富士山までを一望できる。標高五〇〇メートルの峠の眺望とは思えないほど美しい。

この大絶景を眺めながら、野みつばの香り漂うお吸い物を作って、にぎり飯をほおばる。言葉にならないほどの美味さで、実に幸福な気分に浸れる。

顔振峠からは、杉木立の中を下って吾野駅へ降り立つ。道標も完備され歩きやすい道であるが、一気に下るところもある。ここはみかん栽培の北限地だ。柚やみかんなどの畑の中をゆっくり降りて行こう。

素朴な東吾野駅。虎秀山へのスタートはこのプラットホームから

駅から登り降りられる便利な低山

中《なか》尾《お》山《やま》

369m　西武線から　★

この山は、西武線の吾野駅のホームからもよく見える小さな里山で、地図に標高は記入されているものの、山名の標記はない静かな低山だ。吾野駅前を流れる高麗川と八徳沢の間にある小さな山稜ではあるが、標高三〇〇メートル台の尾根とは思えぬ起伏があって、トレーニングにも向いている。

また、駅から登り始めて隣駅に降りられる便利な山であるにもかかわらず、ほとんど紹介されたことのない不遇な山でもある。

吾野駅で下車をする。子供のころに遊んだ鉄道のおもちゃの田舎の駅に似たホームや駅舎は、懐かしい思い出を呼び起こし好感が持てる。

駅に設置されているベンチに腰をかけて身仕度を整える。高台にあるこの駅からはちょうど真正面に中尾山が見渡せるので、山容をうかがい知るのに都合のよいベンチだ。足元の下草がややうるさいところもあるので、できれば長ズボン、ショートスパッツの姿で向かいたいところである。

●コースデータ●

吾野駅…20分…吾野中学校…30分…中尾山…15分…森林公社の杭の立つ頭…15分…梨本峠…40分…鉄塔下…10分…三社峠…50分…高山不動…5分…萩の平茶屋…15分…車道…15分…西吾野駅

立ち寄り湯：まきばの湯
立ち寄りどころ：高山不動
美味いもの：柚七味

駅の正面にある吾野中学校の裏から登り始める。吾野中学校へは、駅から吾野郵便局の前を通って高麗川を渡る。国道を渡って坂を上がると吾野保育所へ向かう。この保育所の手前の道を左へ入ると吾野中学校の正門の前を通り、コンクリート敷きの道で校舎の真裏に出ることができる。

ここが尾根の末端であり、登山口でもある。青いトタン屋根の小屋の脇に登山道が伸びている。道の踏み跡もしっかりしているが、植林の作業道でもあるため、尾根上の道を忠実にたどり、頂上部を巻く道には決して入り込まぬように注意して進みたい。

尾根の肩に登ってしまえば二〇分ほどで中尾山の山頂だ。小さな山名標示プレートがあるが、植林帯の中なので展望がない。立木に手作りのハシゴが架かっていて、コツコツという枝打ちをするナタの音がそこかしこから聞こえてくる静かな山頂だ。区切りがよいので、少し休んでから出発しよう。

これから梨本峠を経て萩の平茶屋まで、高山不動への道とつながるまで歩いて行こう。中尾山から先の道は小さな起伏を一つ一つ乗り越えて行かねばならず、標高三〇〇メートル前後とは思えない尾根道が続く。

中尾山より一五分ほどで森林公社の杭の立つ

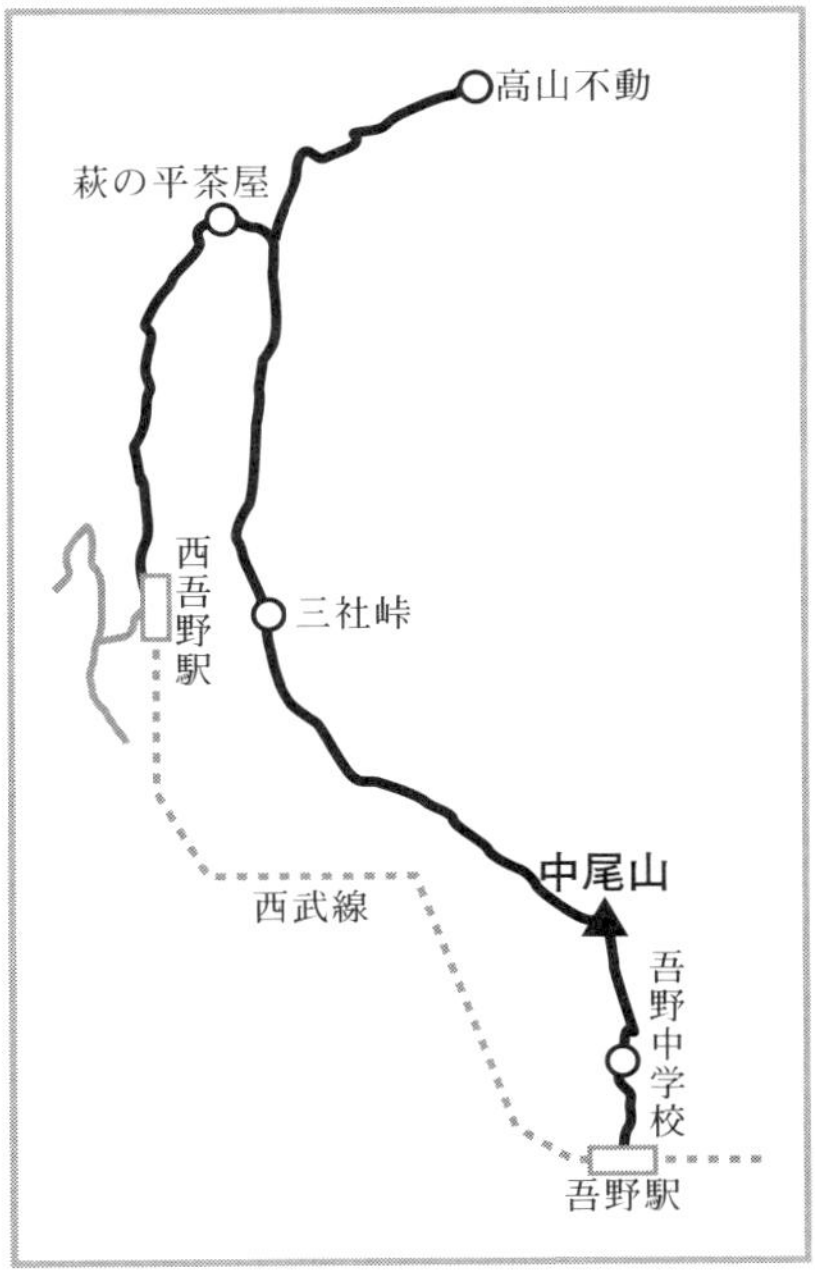

頭に着く。ここからひと下りで梨本峠に着く。ここで初めての道標を見る。

この先で送電鉄塔の下を通って三社峠である。この三社峠からは、道標もしっかりとした道となるので安心だ。ここで少し休んでいくとよいだろう。まだこの先、萩の平茶屋まで一時間くらいかかるが、一般登山道となるのでとても歩きやすい。

高山不動は関東三大不動の一つ。平安末期の作とみられる本尊の軍荼利明王は国の重要文化財で、境内でひときわ目をひく子育て銀杏は高さ四〇メートルの大木だ。

一般登山道から高山不動へ向かうのもよいが、起伏が多かったので少々疲れていたら、萩の平茶屋を通って下山しよう。

夏季は下草がうるさいので、晩秋か冬枯れのころが歩きやすい。西吾野は奥武蔵のほぼ中央。低山山行には絶好のエリアだ。自然と史跡が多いので、これらをつなげて歩けばいろいろ楽しめる感動の山旅となるだろう。

静かな尾根道を登って中尾山の山頂へ向かう

五ッ星の明るい低山 吉田《よしだ》山《やま》 445m 本陣《ほんじん》山《やま》 441m 西武線から ★

西武線の飯能駅から西武秩父駅間の山岳路線沿線の中で、私が一番におすすめしたいと思うのが、吉田山から小床峠を経て小床集落を望み、イモリ山、本陣山から西吾野駅へ降りるコースである。低山ファンならずとも、見どころの多さや、眺望のよい山頂、峠越え、そして利便性など、どの観点からも五ッ星をつけていいのではないかと思われる。

吾野駅で下車をする。駅を出て西吾野駅方向へ歩き出す。高麗川のゆったりとした流れを左手に見ながら国道を進むと西武線の下をくぐる。すると、同じく左手に高麗川に架かる芳延橋が見えてくるので、この橋を渡って御嶽神社の境内へと入って行く。

木曽御嶽山の分霊で、東郷平八郎元帥ゆかりの神社であることから東郷神社とも呼ばれている。東郷元帥の銅像のほかに、軍艦の甲板や砲弾なども展示されている。春は新緑、秋は紅葉が見事で、休み処もあって楽しい。

●コースデータ●

吾野駅…20分…芳延橋…40分…御嶽神社…20分…吉田山…20分…小床峠…40分…イモリ山…20分…森坂峠…10分…本陣山…40分…西吾野駅

立ち寄り湯：まきばの湯
立ち寄りどころ：御嶽神社
美味いもの：高麗川マロン

石段を登って、最上段にある本社殿の右手の裏から山道は始まる。この本社殿も立派で、眺望もよく、休むのにはいいところだ。山道はいきなり尾根道なので、苦労なくひと登りで吉田山へ着く。展望はないが、山名標示板が静かに迎えてくれる。この先も道ははっきりしているので、迷うところはない。ひと下りしたところが小床峠で、小さな分岐をなしている。

道は、子の権現へと向かいながら滝不動との道と合流し、右手に山腹を巻くようになる。この先で、子の権現からの道を横断する形で横切って直進し、イモリ山へ向かう。

送電鉄塔の下に立つと展望がたいへんよく、小床の集落を見渡せる。初夏のころだと、ここにはワラビがたくさん生えるので、ひと休みしながら摘んで行くといいだろう。

また、ここからは、これから向かうイモリ山や本陣山も見える。鉄塔下から出発して、いったん下って登り返してイモリ山である。こちらも雑木林の山頂で好感が持てる。イモリ山から少し急な坂を下って森坂峠に着く。ここに荷物を置いて、左の本陣山へピストンしよう。登りで一〇分ほどだ。植林帯の中ではあるが、三角

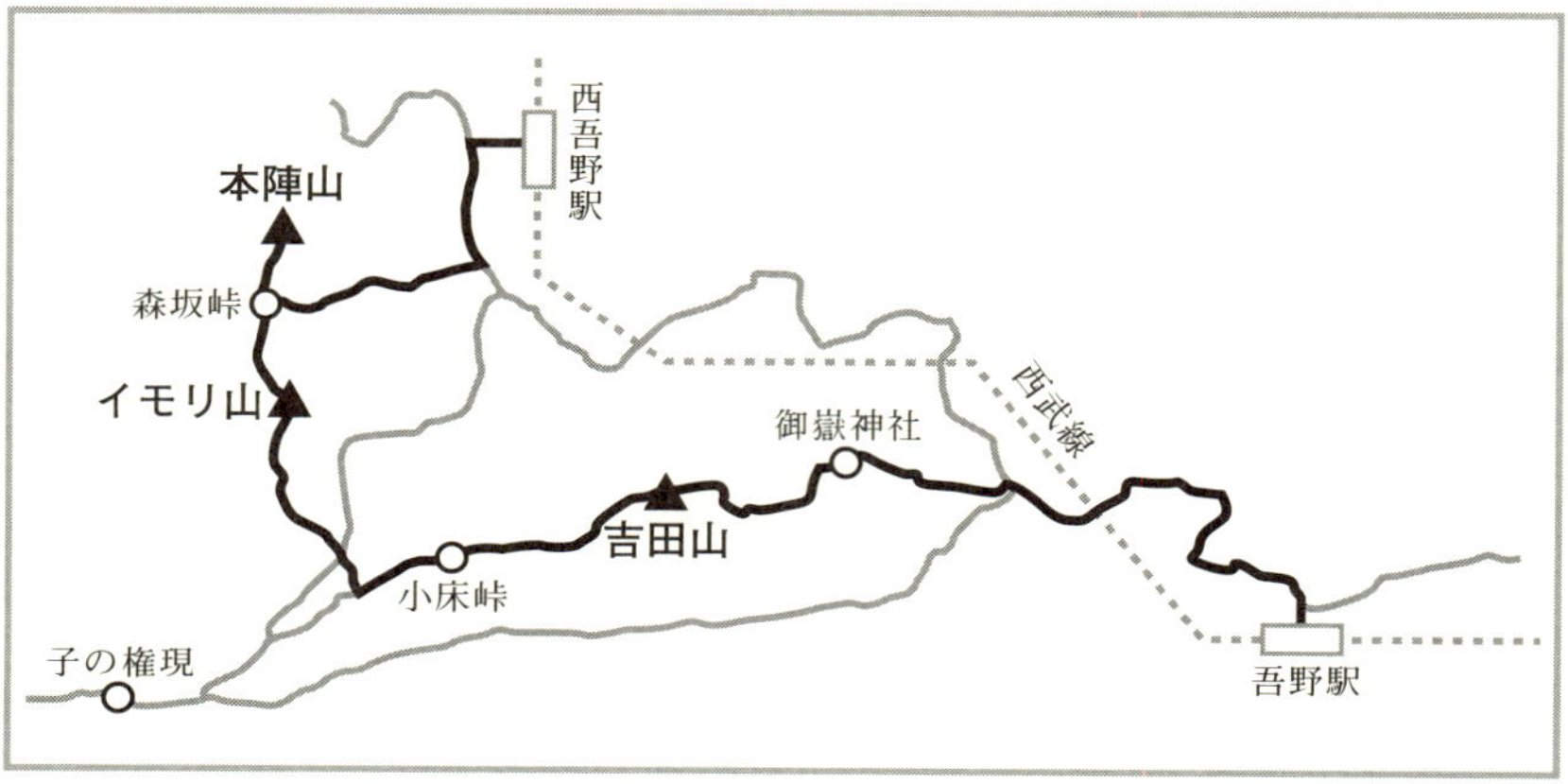

点と山名標示板がある。

山頂から森坂峠へ戻って西吾野駅へと向かう。森坂峠よりひと下りで宅地の造成地のような場所を抜け、高麗川を渡って通りを左へ進めば西吾野駅に出られる。

初夏はワラビ摘み、秋は紅葉、冬は神社参り、春は草花散策と、一年を通じて楽しむことのできるとっておきの尾根道だ。

西吾野駅の駅前に、休日だけ開いている小さな売店があるので入ってみた。店のおばさんに、このあたりはなにが特産なのかと聞くと、栗やお茶だという。栗とはちょっと意外であったが、「高麗川マロン」というオリジナルの品種があるそうだ。粒が大きくて甘味も栄養価も高く、贈答品としても利用されているらしい。

歩く距離も高低差もちょうどよく、道もしっかりしている。その割には人影も少なく、ゆっくり自分のペースで低山の魅力を味わうことができる。なんといっても眺望がよい。そんな五ッ星の山稜へぜひ足を向けてほしい。

初夏の時期だとワラビ摘みも楽しめる縦走コースだ

柚畑でのんびりの山

久久戸山《くくりどやま》

538m

西武線から

★

入間川に注ぐ中藤川の源流域にあるのが久久戸集落である。奥武蔵の山奥のまたその奥の懐深い山村で、柚の里として知られており、季節には鈴なりの柚の香りが小さな谷いっぱいに広がる。

西武線飯能駅からのバスは途中の集落止まりで、久久戸とこの上の並沢はバスが通じていない。バスの終点の中沢バス停がある栃屋谷からの道は、普通車が通れるくらいの道幅しかない。

ここへ何回も足を運ぶようになったのは、南斜面に耕された柚畑で寝転ぶのが好きになったからだ。熟して落下した柚の、地をはって漂う香りに魅せられてしまったようだ。この久久戸集落の源頭の山へ登って、柚畑の中を降りる山行へ出かけてみよう。

飯能駅から中沢行きのバスは本数が少ない。途中までの中藤行きのバスに乗って歩いて向かうこともできるが、時間がかかるので注意して出発したい。

●コースデータ●

飯能駅＝バス＝中沢バス停…40分…竹寺…40分…豆口峠…50分…子の権現…35分…久久戸山…10分…スルギ…10分…久久戸集落…40分…中沢バス停

立ち寄り湯：まきばの湯
立ち寄りどころ：子の権現
美味いもの：柚

中沢バス停で下車し、竹寺方面の道標の指示に従い車道を歩き始める。

小さな沢と平行して登って行くと竹寺に着く。竹寺から裏手の関東ふれあいの道に入り、子の権現へ向かう。普通のハイキングコースなので、道標もあって安心して歩ける。山腹を巻くような道をたどって豆口峠に着く。かわいらしい三角屋根の小屋があって、休むのにはちょうどよい。

ここからも縦走路をたどり子の権現に向かう。子の権現は天台宗の古刹で、足腰の病に霊験あらたかといわれている。鉄製の大草鞋や仁王像、県指定天然記念物の二本杉が見どころなので、ぜひ立ち寄ってお参りして行こう。

そして、ここからの眺望は実にすばらしい。風に身を任せるとものすごく気持ちがよく爽やかだ。ここはなんとしても晴れた日に訪れたいものである。週末だと、多くのハイカーを含めた参拝客が訪れる。

子の権現には車道が通じており、一段下の駐車場の脇からスルギ尾根に入る。ちょっとした立木に指導標が付いているだけなので見落さないようにしたい。

尾根に入っていったん下り、下ったところから山腹を巻く道になる。この上はもう久久戸山

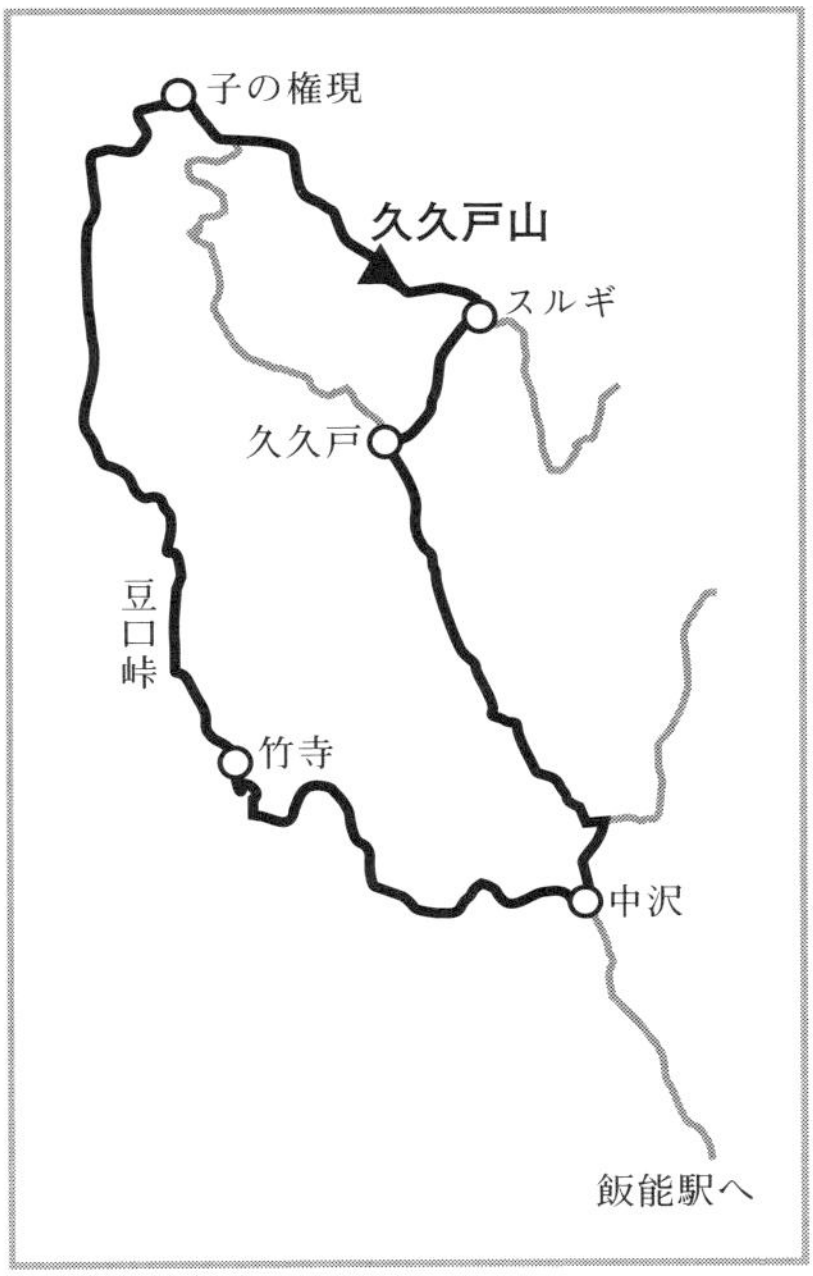

の一角だ。小さい尾根を巻くところの立木に赤ヒモが巻かれている。地図読みにはちょうどよい山だが、少し気をつけて歩いていれば気がつく目印だ。その脇から山頂へ向かう踏み跡が伸びていて、そこを登ると久久戸山の山頂だ。

山頂は明るくて、山名標示の板が小さく風にゆれていた。元の道に戻ってスルギの分岐に着く。スルギから不動の滝を経て吾野駅まで歩いたほうが交通の便がよいのだが、今回はスルギから久久戸集落へ下り、柚を購入してから出発地の中沢バス停へ出る。

帰りのリュックには柚の香りが充満していて、電車の網棚からもその香りが漂ってくる。柚は柚みそにして、その味と香りを長く楽しむことにした。柚の皮をおろし金ですりおろし、白みそと合わせ、砂糖やみりん、酒で味を整える。茹でたコンニャクや大根、豆腐、焼き茄子、焼おにぎりと、なににつけても美味しくて、そのたびに山を思い出さずにはいられないのである。

柚やみかんの畑の中の尾根道を登って久久戸山の山頂へ向かう

栃屋谷集落を見渡す明るい秘峰

栃《とち》屋《や》の頭《かしら》

522m　西武線から　★

短い冬の一日を最大に楽しむのならば低山に限る。冬場の運動不足を解消して、身も心もリフレッシュしよう。

栃屋の頭は、栃屋谷集落の源頭の山である。標高では隣りの久久戸山に一歩及ばないが、同じスルギの尾根上にあって展望がよい。栃屋の頭と久久戸山をつなげて歩くこともできるので、縦走してみてはいかがだろうか。

西武線吾野駅で下車をする。左手に坂を下って、法光寺の横にある背の低いトンネルをくぐり西武線を渡る。背の高い人だと頭をぶつけてしまいそうなトンネルをくぐると道標があり、大高山へ向かう指示に従って前坂の道へ入る。軽く登って小さな尾根を乗り越える。山腹を巻くような道を歩いて、再び軽くひと登りすると前坂に到着する。まずはいったん休憩としよう。

天覚山や久須美坂、久須美山へ向かうには左の尾根を進んで縦走するが、今回は右の子の権現を目指して登ることとなる。いったん車道へ出て少し登

●コースデータ●

吾野駅…30分…前坂…40分…栃屋の頭…45分…スルギ…10分…久久戸山…35分…子の権現駐車場…5分…小床分岐…40分…小床集落…25分…西吾野駅

立ち寄り湯：まきばの湯
立ち寄りどころ：子の権現
美味いもの：苗葱などの地の野菜

ると、スルギ入口の標示を見つけることができる。これを入らねばならない。

少しやせた尾根を登ると栃屋の頭に着く。吾野駅から七〇分くらいだ。栃屋の頭の山名標示板が小さく下がっているほかはなにもないが、展望はすばらしい。ゆっくり休むといいだろう。

高い山からの眺望と違って、低山からの眺望は周囲の山や街のようすがよくわかるのがうれしい。地図や双眼鏡、カメラなどの小物があれば、さらに楽しい時間を過ごすことができるだろう。

ここから先、いくつかのピークを越して、尾根道から山腹を巻く道に変わるとスルギも近い。スルギからは、滝不動を通って青場戸集落へ降りる道や久久戸集落へ降りる道が分岐している。休むのには区切りのよいところなので、水分補給をしておこう。

スルギを出発すると、山腹を巻く道の左側にビニール紐が立木に結んであり、小道が分岐している。久久戸山の山頂へ向かう道だ。スルギから一〇分ほどのところなので立ち寄って行こうではないか。道はうっすらとしているが、山の斜面を登り切ると久久戸山の山頂だ。こちらも植林がまだ低いので、明るい展望が得ら

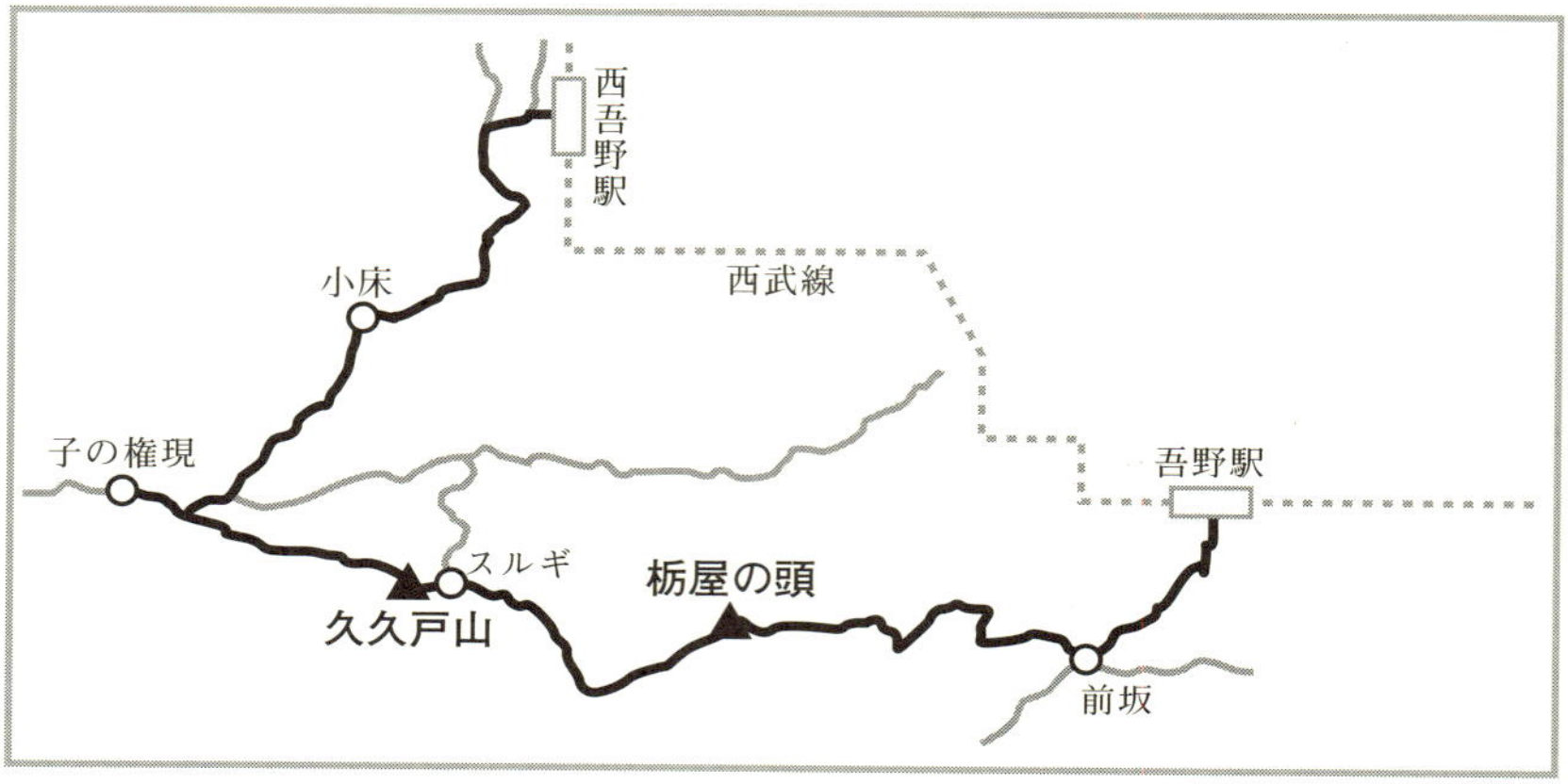

れる。

道に戻ってひと登りすると子の権現の駐車場に着く。この駐車場からの展望も息をのむほどのすばらしさだ。駐車場にしておくのはもったいなく、あちらこちらで歓声が上がる。

下りは子の権現から西吾野駅へ降りよう。小床の集落へ向かって、駐車場の脇から小床分岐まで五分くらいだ。尾根道から右へ斜面を降り出すと集落がどんどん近くなる。下り始めると小床沢（川）の清流と平行する。流れは小さいが、水がきれいですがすがしい。国道へ出て左へ向かうと西吾野駅は近い。

西吾野駅下の路地で苗葱を売っていた。植え替えて育てるためのものかと聞くと、食用だというので購入した。泥がついていたので、山中で使うゴミ用の袋に入れて持ち帰ったのだが、「それはどうしたの」と電車の中で多くの方に訊ねられた。苗葱は、青い部分を中心に、葱ぬたやおひたし、鍋物に入れたりして美味しくいただいた。

眺望がとてもよいスルギ尾根を歩いて栃屋の頭へ

ゆっくり登山とゆったり風呂山行

論地山《ろんぢやま》

310m　西武線から　★

奥武蔵や秩父周辺を収録してある地図を広げて、「この山はどこにあるの？」といつも聞かれるのがこの論地山である。

西武線飯能駅からバスに乗って二〇分ほどの原市場周辺には、四、五〇〇メートル前後の静かな里山が多い。そして、楢抜山、龍谷山、登戸、周助山といったあまり紹介されない低山の宝庫でもある。入間川を挟んだ両側には、格好の低山がたくさんあって興味が尽きない。今回はその一つである論地山へ向かってみることにしよう。

飯能駅から名郷行きのバスに乗って久林バス停で下車をする。バスは飯能の商店街を抜け、入間川の清流を眼下に遡って久林に到着する。バス停の正面に小さなお寺がある。ここが円福寺だが、お寺の入口に標記はない。お寺の境内に入って石段を上がり、ご本尊の右手から裏へまわり尾根にとりつく。この道は、ひと登りしたところにある神社へ向かうためのものなので、そ

●コースデータ●

飯能駅＝バス＝久林バス停…10分…神社…20分…論地山…50分…楢抜山の尾根と合流…25分…楢抜山…45分…加久良山…20分…赤沢集落…5分…赤沢バス停

立ち寄り湯：さわらびの湯
立ち寄りどころ：名栗渓谷
美味いもの：高麗豆腐

こまでしっかりしている。神社に上がると社殿の脇から尾根伝いに道が伸びているので、これを入って論地山を目指す。尾根上の道は、踏み跡の薄いところがときおりあるので、尾根をはずさないように進んで行く。がんばってひと登りすると論地山に着いてしまう。三角点も展望もなく、黄色いビニールテープで立木に論地山と記してあるだけの渋い山頂だ。

ここだけでは歩き足りないので、楢抜山へ向かって縦走をしよう。ここからも尾根をはずさぬように歩を進めて行く。夏場は少しヤブにおおわれてしまうところもあるので、冬枯れのころが歩きやすいと思われる。尾根道を登ると楢抜山からの本尾根と合流する。ここには分岐を知らせる小さな道標があり、久林方面と赤沢方面とを知らせている。

ここでもうひとがんばりすると楢抜山だ。厳しい登りではない。植林に囲まれた静かな山頂には、三等三角点と山名標示板がある。

ここからの下山路は赤沢としよう。一番道がはっきりしているのと、集落へ降り立つ手前で加久良山という里山へもう一つ立ち寄れるからだ。楢抜山から道を戻って、先ほどの分岐を過ぎて赤沢へと向かう。山道は硬くなく、歩きやすいので歩調が進む。

里へこのまま一直線に降りてしまうのかと思うころ、尾根上の最後のピークである加久良山に着く。三角点はないが、小さな山

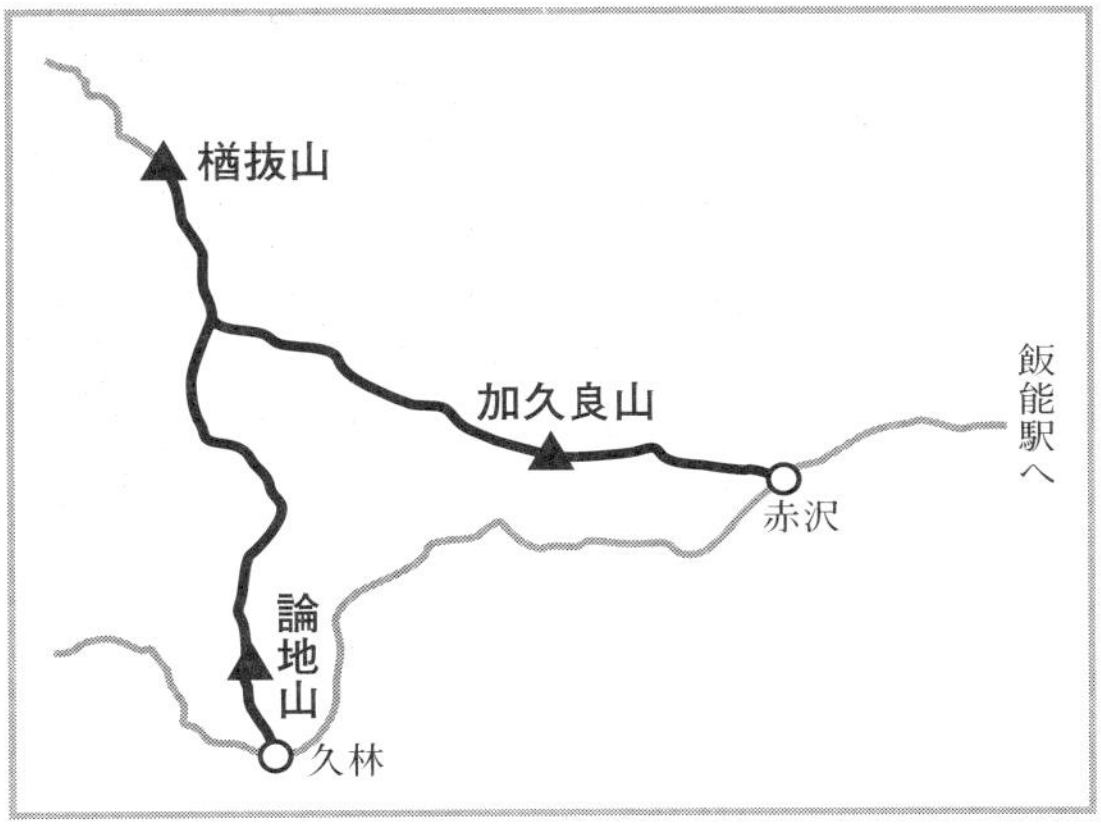

名標示板があるので山頂とわかる。ここで息を整えてから降りよう。

蕨入沢に出て茶内集落を過ぎ、車道へ出る。出て右へ曲がると、すぐに赤沢バス停だ。山の帰りには、名栗湖の入口にある「さわらびの湯」に寄って行こう。山歩きで足にたまった乳酸を抜こうではないか。帰りは湯殿の前から飯能駅行きのバスが出ている。

さて、ここでの美味いもののおすすめは、幻の高麗の黒大豆を用いた高麗豆腐である。普通の白い豆腐ではなく、黒色だ。最近、健康食品として大豆製品が注目され、特に黒豆を用いた納豆や豆腐をスーパーなどでもよく見かけるようになった。そのような時流でもあるから、高麗豆腐の人気も高い。

入間川と高麗川に挟まれた山並には奥武蔵を代表する低山が集まっている。今回は、真に低山とたわむれる楽しさを実感できたのではないだろうか。論地山はそんな山である。

論地山の山頂。展望はないが、爽やかな風が吹き抜けている

入間川の地酒と低山縦走

久須美山《くすみやま》

277m　西武線から

★

西武線東吾野駅よりの、天覚山から多峯主山にかけての縦走路は起伏の変化に富んでおり、峠越えや山越えなどがあって四〇〇メートル前後の山稜とは思えない。山岳ガイドブックの地図などには二七七メートルの標高点が記入されてはいるものの、山名は記載されていないので、この山がどこにあるのかわからない人も多い。住宅街を見下ろす尾根を歩く里山であるが、意外に起伏が多くて、多峯主山まで歩くといい運動になる。清流と曼珠沙華の里と称される巾着田までの、感動いっぱいの山路へ出かけるとしよう。

東吾野駅前の指導標に従い、西武線を渡って天覚山へ向かおう。平戸の集落を抜けて山道へと入る。天覚山は標高四四五メートルの山で、駅からも近いために多くの愛好者が足を運んでいる。この天覚山より東へ縦走を開始する。

天覚山からいったん軽く下って東峠へ降りる。峠の車道を渡って久須美坂へと向かうと、右手にゴルフ場が現れる。ゴルフを楽しむ人を間近に見られると

●コースデータ●

東吾野駅…40分…天覚山…40分…東峠…50分…久須美坂…15分…久須美山…100分…多峯主山…60分…高麗駅

立ち寄り湯：まきばの湯

立ち寄りどころ：雨乞池

美味いもの：地酒

ころもあって、思わず足が止まってしまう。小さな起伏のある尾根道が、ゴルフコースに平行して進む。

ゴルフ場のクラブハウスが小さく見えるころ、武蔵横手駅への道との分岐に着く。この少し先が久須美坂で、入間川方面への道が下っている。この先も尾根道を進んで縦走すると小さな祠にあたり、この祠からひと登りで久須美山の山頂だ。

残念ながら展望はなく、樹林の中の静かな山頂だ。道標があるので迷うところはない。また、奥武蔵の低山や里山には麓の集落の名が付けられていることが多いので、わかりやすい。

都心のベッドタウンとして開けた飯能日高団地を見渡す尾根を歩いて道は下って行き、いったん車道に出る。車道を渡って右へゆるやかに下りながら歩道を歩くと、左手に多峯主山へ向かう道が現れる。少しわかりづらいので、車道を渡って右へゆるやかに下り始めたら、左手に注意しながら歩こう。

造成地の下を巻くように道はつけられているが、滑りやすかったり木の根があったりなので、足元に気をつけて登って行きたい。かろうじて山道らしきところを歩けるほどに、住宅地や造成地が

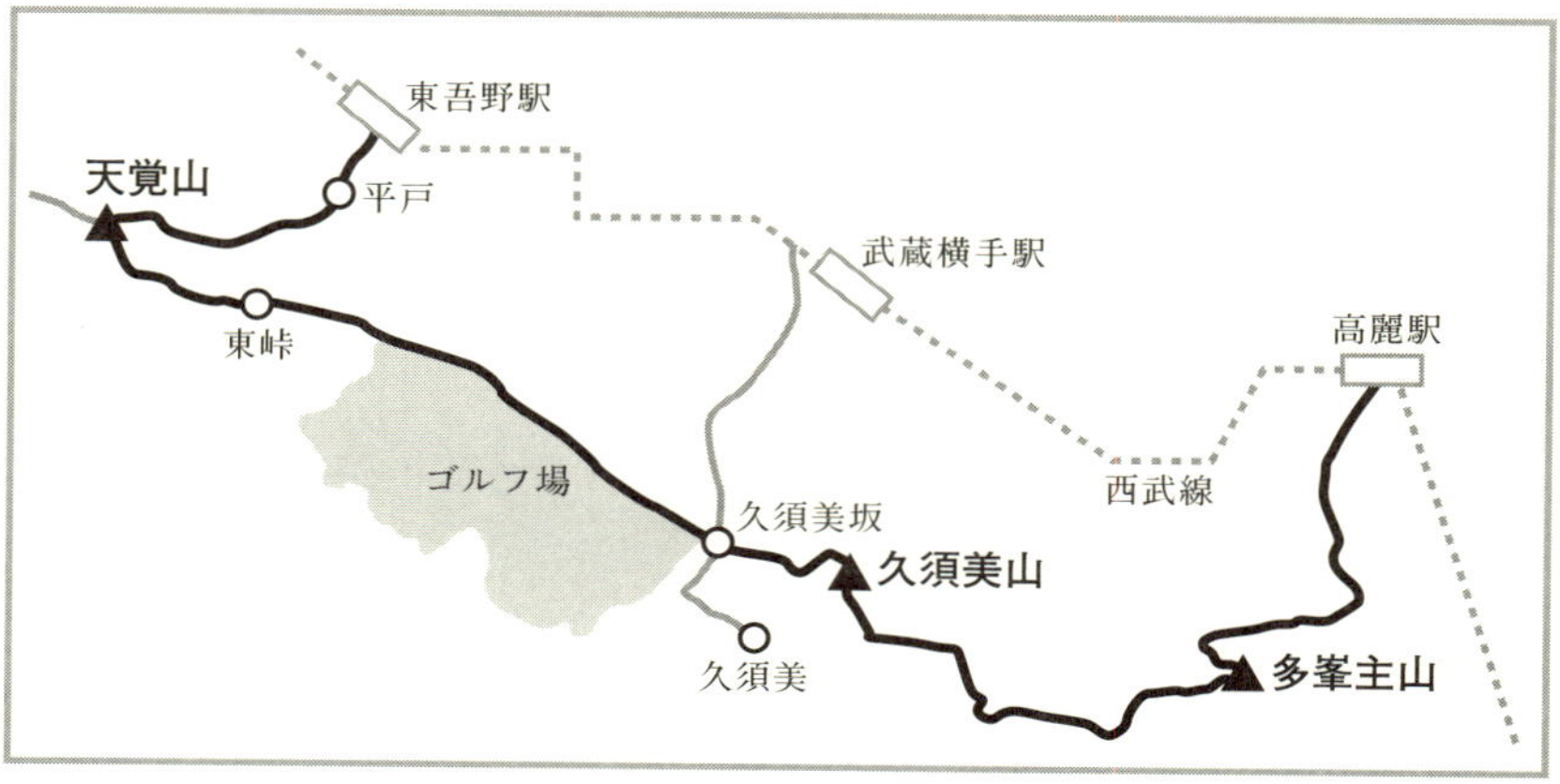

迫っている。起伏が続くが、造成地の奥に多峯主山が見えてくるのでがんばろう。

　ここから天覧山に登って飯能まで歩ければいうことはないが、もし疲れていたら多峯主山から高麗駅へ降りよう。また、多峯主山から黒田直邦の墓に立ち寄ったり、雨乞池や雨乞滝を見て、入間川沿いを歩いて飯能駅へ向かうのもおすすめだ。

　低い丘陵のような山並だが、山歩きの楽しさを十二分に味わえる縦走路である。奥武蔵の入門コースとして親しまれるポピュラーな山々であるが、それらをつなげて歩くことによって、よりいっそうの達成感を得ることができる。

　飯能にはいくつかの酒蔵があり、名酒を送り出している。コンビニでも入手でき、スッキリとした口あたりが特徴で、入間川の流れを思わせるものだ。

駅からも近い天覚山。久須美山への縦走がここから始まる

高麗川に沿った丘稜を歩く

かまど山《やま》

298m　西武線から

★

小さな子供でもあるまいに、私はよく電車の先頭車の運転席隣りの車窓に張りついている。次々に展開していく山並や川、町並を見ながら、山の名前を一つ一つ呼んであいさつを交わして目的地へ向かうのだ。

おそらく、変な人と思われているには違いないが、一度登った山々に愛着を感じ、そうせずにいられない。この前に登った後も、変化がないことを確認したい。低山はちょっとしたことにも傷つけられやすく、その姿が変わってしまうからだ。

さて、かまど山も、そんな車窓から見える低山の一つだ。高麗川沿いの山として地図読み山行にもよいので、屋船山に登ってかまど山へ向かう道を紹介しよう。

屋船山へは西武線東吾野駅で下車する。いったん駅前の国道に出て、武蔵横手駅方面へ進む。

●コースデータ●

東吾野駅…25分…天神橋…25分…屋船山…25分…主尾根…45分…かまど山分岐…10分…かまど山…45分…久須美坂…40分…武蔵横手駅

立ち寄り湯：まきばの湯
立ち寄りどころ：高麗川横手渓谷
美味いもの：地酒

高麗川のゆったりとした流れに癒されながら歩いて、二本目の橋、天神橋を渡る。春には、橋の上から高麗川沿いに咲く梅の花が見られる眺望の橋だ。

橋を渡ってT字路を左へ、そして次を右に折れて西武線の踏切を渡る。

日あたりのよい畑道を道なりに進むと、ゆるやかに左へ曲がって林道へ入る。

林道はすぐに二股に分かれるが、上へと入る。草がしげっているこの古い林道が、東吾野駅へ向かって左へまわり込むところに踏み跡が伸びている。道標もなければ、赤テープなどの目印となるものもないので注意が必要だ。林道に入って間もなくのところなので、気を取られていると過ぎてしまう。

道は常に尾根伝いである。ひと登りで肩に出て、そのまま尾根を進むと屋船山である。山名標示も三角点もなく少し残念ではあるが、かまど山に期待をして進んで行こう。三〇分ほど進むと天覚山からの主尾根に出て、一般登山道と合流する。区切りがよいのでひと休みとしよう。

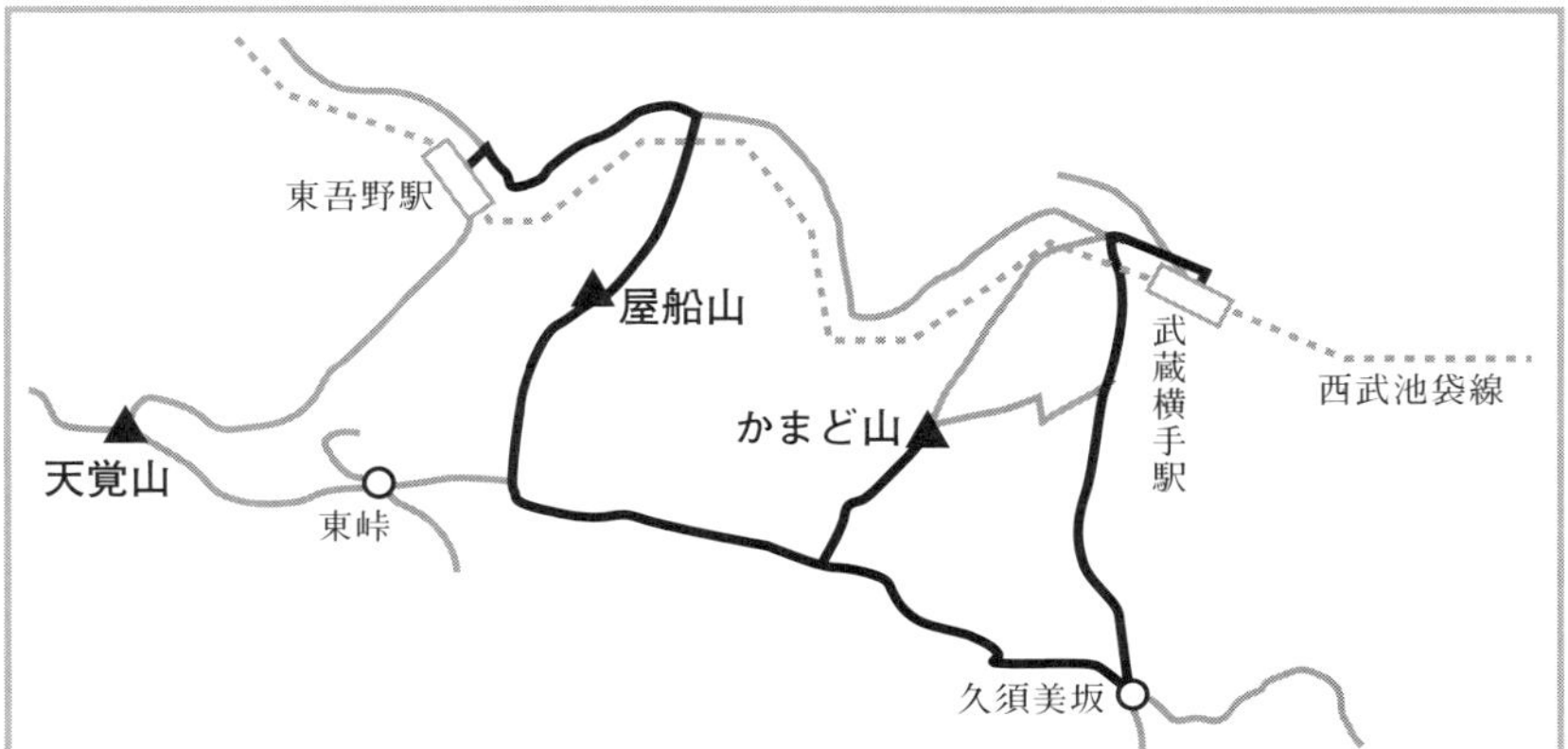

今度は久須美坂方面へ縦走を開始する。右手にゴルフ場を見る。道はちょっとしたコブで二股に分かれる。右へ行けば久須美坂方面へ向かうので、左へ入ってかまど山へ向かう。この分岐には、朽ちかけた倒木に細い布が巻いてあり「かまど山へ」と記してあるが、少しわかりづらい。読図力と注意力の両方が試されるところだ。

左の踏み跡へ入って一〇分ほどで三角点のあるかまど山へ着く。ここには小さな枝切れの山名標示があって、里山の雰囲気が味わえる。

いったん縦走路へ戻り、久須美坂を経由して武蔵横手駅へ降りよう。ゴルフ場を過ぎればすぐに久須美坂の分岐である。ここから小さな沢伝いに下り始めて車道に出る。西武線をくぐって国道を右へ進むと武蔵横手駅だ。

駅のプラットホームからはかまど山がよく見えて気持ちがいい。電車を一本見送りたくなるほどだ。高麗川に沿って走る西武線がより好きになってしまう沿線の里山である。

木漏れ日が心地よいかまど山へ向かう尾根道

二等三角点がある静かな山

雨《あま》乞《ごい》山《やま》

629m　西武線から　★★

名郷から西武線飯能駅行きのバスは、入間川に沿った道を走るために、バスのライン下りともいわれている。西武線が高麗川沿いを走るのに対して、川が蛇行してできた広い飯能河原や吾妻峡など、入間川はバスが案内をしてくれる。有馬ダムの完成によってできた、人造湖とは思えない神秘的な雰囲気が心を惹きつける名栗湖を中心とした地域は、公共施設の場所を入間川の水辺に求めているので、幼稚園や小中学校、出張所、保健所などが河原に建っている。これらの施設が集まる小殿地区の頭上にあるのが雨乞山だ。

山岳ガイドブックにも標高は載っているが山名はなく、二等三角点を持つ山であることは案外知られていない。今回は、この入間川から竹寺をまわって雨乞山を訪ねてみよう。

飯能駅から名郷行きのバスに乗って小殿バス停で下車をする。バス停から少し先の、道標がある登山口から尾根へ上がる。伊豆ヶ岳、子の権現、竹寺、

●コースデータ●

飯能駅＝バス＝小殿バス停…60分…竹寺…30分…雨乞山…10分…豆口峠…60分…天目指峠…25分…中ノ沢ノ頭…25分…天目指峠…35分…森河原バス停

立ち寄り湯：さわらびの湯
立ち寄りどころ：名栗湖
美味いもの：農産物加工品

小殿へと歩くハイカーも多いため、道はしっかりしていて登りやすい。一時間ほどで竹寺へ到着するので、竹づくしの境内を見てまわるとよいだろう。区切りもいいので、ひと休みしてから雨乞山へ進む。

登山道は雨乞山の山頂を通っていないので、読図が少し必要になる。登山道を離れて尾根を追うことになるが、竹寺からそう遠くではないことがキーポイントだ。尾根上にはうっすらと踏み跡がついているので、ヤブの中を歩くようなことはない。踏み跡をひと登りすると雨乞山の山頂だ。二等三角点の測量石がまぶしい。山頂から踏み跡を反対側へ下って行くと、すぐに一般登山道と合流して豆口峠へ向かう。豆口峠には、三角屋根のかわいい小屋が建っているので、休んでいったらよいだろう。

豆口峠から縦走路を進んで、子の権現と天目指峠へ向かう分岐に立つ。今回は子の権現に寄らず、天目指峠から中ノ沢ノ頭（イモグナの頭）へ登って降りよう。分岐から標高四九〇メートルの天目指峠までいったん下って、車道を渡り、再び登り返さねばならない。

中ノ沢ノ頭の六二二メートルの山頂も登山道が通じておらず、下を巻いてしまうので、登山道を離

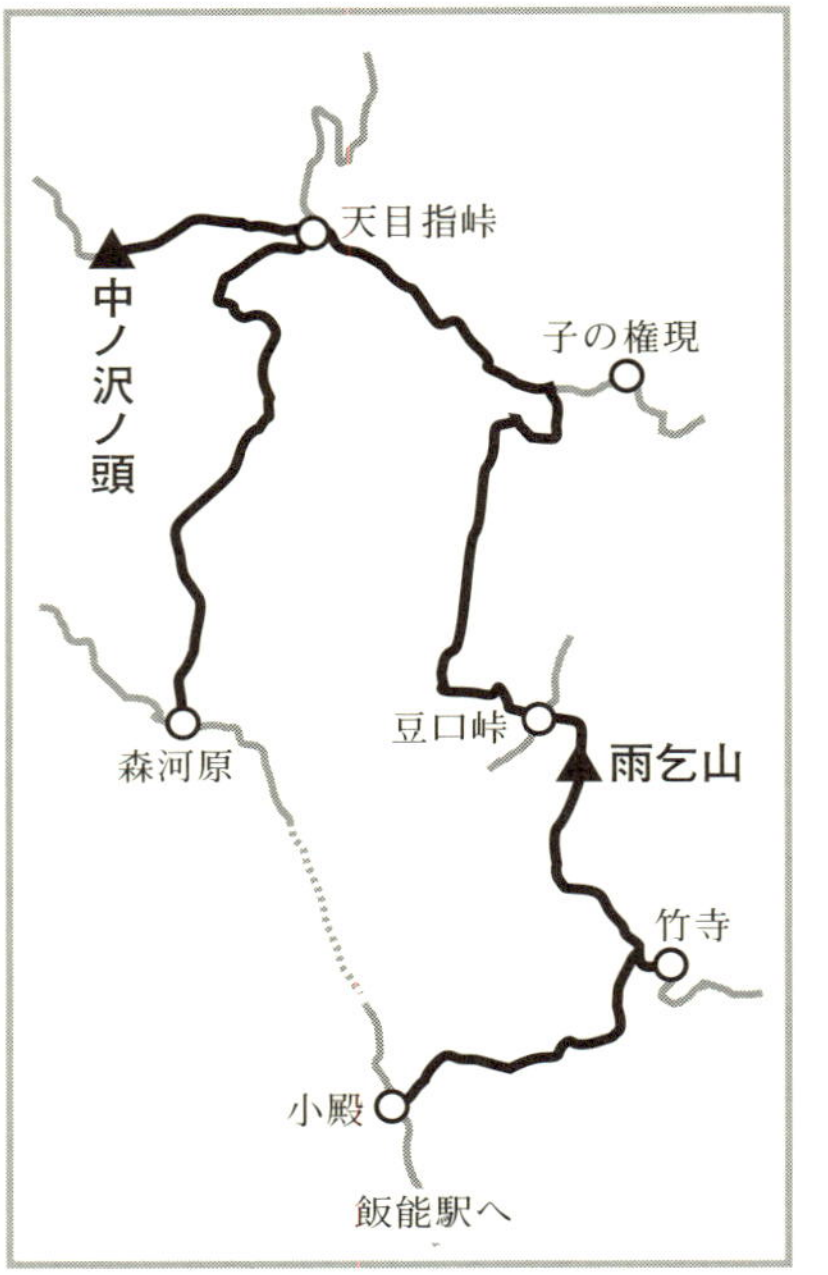

れて尾根を追って行けば山頂に着く。こちらは三等三角点で、山名標示もわかりやすいものがかかっている。

道はこの先、伊豆ヶ岳へと向かうが、今回はこのまま天目指峠へ戻り、そこから下って森河原バス停へ降り立つとしよう。天目指峠からの車道歩きは単調だが、穴沢集落からは沢のせせらぎとともに歩くことができる。

帰りは「さわらびの湯」に浸かろう。地元の西川材がふんだんに使われた館内は、木の香りが漂いとても爽やかだ。有馬渓谷に包まれるように建つ温泉は、いつも湯気が満ちあふれていて、霧の中のようだ。山の疲れを温泉で流して帰るのも悪くはない。また、さわらびの湯から有間ダムの上に立ち、白谷沢登山口まで往復するのもよい。白谷沢登山口の入口には名水が湧いていて、多くの人がこの水を求めて足を運んでいる。

入間川の流れを見て、森林浴を楽しむ。竹寺から静かな頂を踏んで、竜神の伝説が残る天目指峠から温泉に向かう道は、奥武蔵の魅力が存分に満喫できるはずだ。

冬枯れの季節に落ち葉を踏みしめながら雨乞山の山頂を目指す

清流の里山にある城跡山

大築山《おおづくやま》

466ｍ　ＪＲ八高線から　★

西武線は東飯能駅から高麗川に沿って山間を走って行くのに対し、ＪＲ八高線は山のふちどりをするかのように山の裾野を走る。まるで高原列車のようである。

この八高線沿線には里山の香りのする低山が多く、ゆったりとした山並を愛する人の跡は絶たない。その魅力は、なんといっても懐の深い里山群と清流であろう。

大築山が城山と呼ばれているのは山城の跡であり、その築城に際し当地に土着したのが麦原集落だといわれている。近くにあじさい山公園もあって、現在、ホタルを呼び戻す計画もあり、清流作りにも集落をあげて取り組んでいる。

八高線の越生駅で下車をする。黒山行きのバスに乗って麦原入口バス停で下車する。バスは麦原集落まで通じておらず、集落の入口で下車して歩くことになる。

●コースデータ●

越生駅＝バス＝麦原入口バス停…50分…麦原集落…60分…大築山…20分…猿岩峠…10分…硯水…20分…馬場…25分…大平尾根…45分…あじさい山公園…20分…麦原集落

立ち寄り湯：黒山温泉
立ち寄りどころ：あしさい山公園
美味いもの：梅まんじゅう、梅ゼリー

麦原集落にある住吉神社の境内に入る入口には、城山ハイキングコースと記された案内板が立っているので、それを見てから出発するとしよう。この案内板の通りに歩くので、頭に入れておきたい。ホタルの住む麦原川の清流を後に出発する。

柚畑やみかん畑を抜け、城山への道標に導かれて山道へと入る。

麦原集落は山の斜面にあって日あたりがよく、柚やみかんの栽培がなされているのどかな集落である。

ひと登りで尾根に登ると城山の案内板が立っていて、ひと休みするのに区切りがよい。

城山の頂上部を巻いて裏から登って大築山の山頂に立つ。山頂にも山城の歴史を記した看板が立っているが、雑草も多く少し手入れが悪い。空いているスペースに腰を下ろして休むが、眺望がなくて残念だ。

山頂から猿岩峠への標示に従い、急な道を下って猿岩峠に着く。ここの椚平、麦原への分岐を見送って、硯水、馬場方面へ向かう。城時代の名所で水源地にもなっている硯水、馬をつなぎ止めておいた馬場を通って大平尾根と合流する。梅ノ木林道を下って途中から再び大平尾根に入り、あじさい山公園のてっぺんに着く。

木道が敷かれ、ていねいに整備されているあじさい山公園は山の斜面に広がっていて、花の時期は見事な大輪がところ狭しと咲き誇るので有名だ。

また、この大平尾根からの展望は、広くてこの上ない。山頂の分を取り返すがごとくの展望なので、地図や双眼鏡などがあるとうれしい。

あじさい山公園から出発地の住吉神社へは、一足飛びで降りられる。麦原川のせせらぎを心で感じられるほどのあじさい遊歩道を堪能しながら歩いてみよう。夏にはホタルも乱舞する。

帰りのみやげは、みかん栽培の北限地でもあるのでみかんや柚がよいだろう。

そして、越生は梅の郷でもある。梅に関するみやげ物にもこと欠かない。梅干であれば、地のものがコンビニでも購入できる。

あじさいの咲くころ、柚やみかんの収穫期と、ぜひとも二度訪れたい里山である。

あじさい山公園からは奥武蔵の山々がダイナミックに望める

一等三角点のある低山

物見山東尾根《ものみやまひがしおね》

375m　JR八高線から　★

こんなに多く癒しの要素を含んだ低山は、ほかには見あたらないのではなかろうか。田畑、稲刈り、笹尾根、眺望、小川、清流、沢、滝、ローカル線、神社、火の見櫓など、道を歩くと次々と目に飛び込んでくる。

物見山の東尾根はあまり知られていないが、JR八高線沿線の魅力を凝縮したこの山稜をぜひ歩いてもらいたい。

八高線高麗川駅で下車をする。駅前の車道を左に進み、ふるさと歩道と名付けられた道を歩いて、高麗川カントリークラブの入口へ向かう。ゴルフ場入口手前の天神社付近はゆるやかな斜面に田畑が広がり、ふるさと歩道の名にふさわしい風景が広がる。

ゴルフ場の前を通り過ぎるとY字路になるので、左のゴルフ場に沿った道へ入る。

白銀平展望台入口の標記に従って林道を進むと、右手に富士講の山、浅間神

●コースデータ●

高麗川駅…60分…白銀平入口…15分…浅間神社…20分…富士山…25分…カチ坂…30分…送電鉄塔脇…20分…車道…5分…物見山…35分…宿谷の滝…40分…宿谷集落…60分…高麗川駅

立ち寄り湯：まきばの湯
立ち寄りどころ：宿谷の滝
美味いもの：高麗川鍋

社の鳥居があるので、これをくぐって山道へ入る。踏むとカエルの鳴き声がするといわれる御師岩を通り、ひと登りで富士山の山頂に着く。四等三角点と祠があって、明るい山頂だ。

山頂から整備された道を下ってカチ坂へ降り立つ。いったん高麗神社方面へ数十メートル進んで、Y字路を右へ入る。ここが物見山東尾根の入口だが、道標がなく、左へ進むと高麗神社へ行ってしまうので注意が必要だ。右へ入っても道ははっきり、しっかりしているので迷うところはこの先にはない。

道は植林帯の尾根道となる。三〇分ほど進むと送電鉄塔の脇を通る。山椒の実がたくさんあって、目が楽しくなるところだ。ここから二〇分ほど進むと、物見山の直下の車道に上がる。車道のガードレールにマジックで富士山、高麗川方面のペイントが記されている。

車道を渡って登ると、一等三角点の物見山の山頂に着く。小さな山でもルートにバリエーションがあるので、登ってきた気分は格別だ。山頂でゆっくり休んだら、今度は宿谷川へ向かって山頂の裏手から下って行こう。

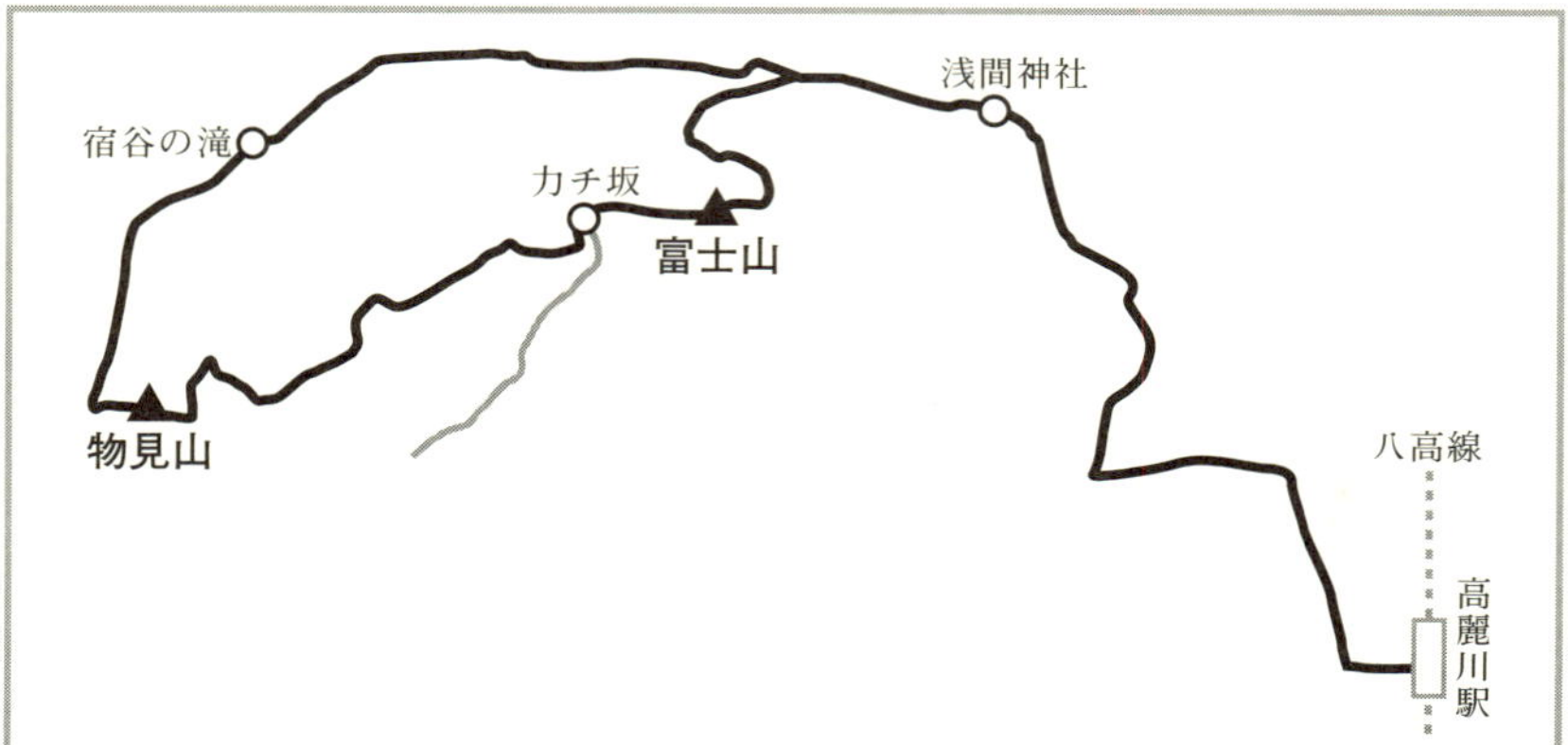

宿谷川や宿谷の滝は、宿谷の滝公園として整備されており、歩きやすい遊歩道からせせらぎを満喫することができる。山頂からジグザグに降り始めると滝の音が聞こえてくる。公園の入口には駐車スペースやトイレなどの設備が整っていてうれしい。

右手に宿谷川を見ながら出発点の高麗川カントリークラブの入口へ向かうと、手入れの行き届いた田畑の中を歩くようになる。稲刈りの季節や田植えのころも季節感があってとてもよいところだ。

この先は高麗川カントリークラブの入口で、ここからもう一度、ふるさと歩道をぶらぶらと歩いて高麗川駅へと向かおう。八高線沿線の山は小さいが、変化に富んでいて飽きさせない。

ところで、今、流行しているといわれるものに「高麗川鍋」がある。これは高麗川産の野菜を使った鍋物だ。街道沿いには高麗川鍋の幟旗も目に付くので、ぜひ味わっていただきたい。

物見山の山頂にはベンチもあるのでゆっくりと休むことができる

あとがき

二〇〇八年、私はネパールヒマラヤの未踏峰（当時）のヤカワ・カンⅡ峰に挑むため、先発隊のメンバーとして現地へ向かった。首都のカトマンズで準備を終え、本隊と合流した後、ジョムソムへのフライトという日の朝に、脳出血を起こしてしまった。ポカラの病院に収容され、幸いにも二週間後には帰国することができたが、左半身麻痺の後遺症が残ってしまった。しかし、またあのヒマラヤが見たいという思いから車イスに別れを告げ、もう一度歩く決心をして、今は歩くことができるようになった。

そのような状況の中、思うことがあった。中高年の登山ブームといわれている折、遭難事故が多いことである。本格登山や縦走ももちろんよいが、安全に登れる低山にもっと目を向けてもよいのではないかと。首都圏にもそのような山がたくさんあって、どれも魅力にあふれるのだが、今までほとんど紹介されていない。

今だからこそ、そのような山々を私が紹介しようと考えると、リハビリにも力が入った。そのおかげか、ハイキングくらいはできるような身体になったし、こうして低山を紹介することもできた。自身のことながら、なんともうれしいことである。

中高年に限らず、多くの登山愛好者が山歩きを楽しめることを願いつつ、山を選んで、コース設定をした。まだ登ったことのない山へ向かうのは、無上の喜びに違いない。いつまでも、健康で、心豊かに山と親しんでいただければ幸いである。

この本がみなさまの目にふれるころ、私はネパールに向かう予定でいる。今度は、首都圏の低山に優るとも劣らない、ヒマラヤの低山の魅力を紹介できればと思っている。

本書を出版するにあたり、心交社の此川直志氏はじめ多くの編集スタッフに適切なアドバイスを頂戴するとともに、たいへんなご苦労をおかけした。この場を借りてお礼を申し上げます。

二〇一〇年八月

石原裕一郎

著者：石原 裕一郎（いしはら ゆういちろう）

1962年、東京都生まれ。

登山家。日本山岳会会員、ネパール山岳協会終身会員、杉並山の会会員。

20年にわたってヒマラヤの山々に登り、「プルクンヒマール」世界初登頂に成功。著書に『ネパールピークハントトレック ベスト53コース』（山と溪谷社）、『奥多摩山歩き一周トレール』（共著・かもがわ出版）など。

問い合わせ先：〒166-0015 東京都杉並区成田東3-7-11

首都圏 親しみの登山

2010年9月20日 第1刷発行

著　者　石原裕一郎
発行人　林　宗宏
発行所　株式会社 心交社
　　　　〒171-0021 東京都豊島区西池袋 3-25-11 第八志野ビル
U R L　http://www.shinko-sha.co.jp
電　話　東京03(3959)6169
振　替　00100-9-73889
印刷所　モリモト印刷株式会社

ISBN978-4-7781-0956-1　Printed in Japan